東北大学教養教育院叢書
大学と教養 5

生死を考える

東北大学教養教育院＝編

東北大学出版会

Artes Liberales et Universitas

5 Think about life and death

Institute of Liberal Arts and Sciences Tohoku University

Tohoku University Press, Sendai
ISBN978-4-86163-371-3

はじめに

　2019年の暮れに突如として出現した新型コロナウイルス（COVID-19）は、瞬く間に人類社会をパンデミックに陥れ、それまでの生活様式や社会のあり様を一変させる、まさに世紀に一度の一大事となった。まだ素性がわからなかった当初、徹底した水際対策が取られたものの、ウイルスは着実に我が国にも入り込み、そして社会に浸潤していった。疫学の視点からは徹底した感染対策が提唱され、濃厚接触、3密、ロック・ダウンなどの言葉がメディアを賑わせたのもこの頃からである。未知の感染症に直面した我々にとって、疫学調査に基づく対策は説得力もあり、専門家から発せられる様々な提言に耳を傾ける日々が今も続いている。

　世界保健機関（WHO）によりパンデミックの認識が発出されたのは2020年3月のことだが、その頃からはウイルス学や免疫学、薬学など、生命科学の諸分野の専門家達によってワクチンや治療薬の開発が進められることとなった。感染者と直接向き合った医療の分野の進捗も目覚ましい。次々と変異を繰り返すウイルスに対し決定的な治療薬・治療法がまだ登場しない中にあっても、ワクチン接種の進行に伴って重症化率や死亡率は当初より大幅に改善されている。症例と試行錯誤の治療の蓄積によって、最適解が見つかりつつあるのだろう。

　ところで、COVID-19という「禍」と直面しているのは、何も生命科学や医学など自然科学者達だけではない。社会変容が進む中で、経済学、経営学、社会学、心理学、教育学、宗教学、行動科学、等々、社会科学や人文学のあらゆる分野の専門家達もこの問題と闘っている。「3密」を避けるという感染対策から生まれた、自粛、ソーシャル・ディスタンス、ステイ・ホーム、テレワークなどの言葉が社会を席巻し、私たち人類社会の営みそのものを大きく変革しようとしている中、専門家達はど

の様な未来像を描いているだろうか。

　教育も例外ではない。大学のオンライン授業移行などは、社会問題として今なお多くの関心を集めている。学問そのものは普遍的なものを根底に抱えつつ、日々、発展を遂げていくものであるが、果して教授法はどうであったか。黒板を背に学生と向き合うという百年変わらずの教育が、今はデジタルの世界に変容しようとしている。本来、教え方というものは教える中身によって適した方法があるはずで、それ故に教授法やコーチング技術に関するトレーニングがあるのだと思うが、今般のコロナ禍では、教える中身が変わらないまま、教授法の大変革が起こってしまった。教育現場ではいまだに試行錯誤が続いているのであるが、意外なことに（と言ってはいけないのかもしれないが）オンライン授業の評判は、総じて悪くないのである。学習到達度もこれまでと比べて遜色ないばかりか、むしろ向上の兆しもある。その要因は自明である。「学ぶ」ということは学び手（学生）の主体的行為であって、教授する側はその補助に過ぎない。デジタルの世界を泳ぎ、無数の情報の中から瞬時に取捨選択することに慣れてきた現代気質の学生にとって、オンライン授業こそ、主体性が発揮できるのだろう。教室での座学の講義が「受け身」と捉えられがちなことと対極である。それでは、私たち「教授する側」は何をすべきだろうか。デジタルの世界に身を置く学び手に対し、主体的な学びに資する様々な糧を示していかなければならない。それは数字や記号化されたデータではなく、そこに隠された汗や涙といった人間ドラマなのではないか。

　前置きが長くなったが、この度、東北大学教養教育院叢書「大学と教養」シリーズ第5巻、「生死を考える」を刊行することとなった。これまでの叢書シリーズと同様に、1つのテーマのもとに多彩なバックグラウンドを持つ学者達の論考がまとめられている。発生学や細胞生物学を専門とする生命科学者、周産期看護学や緩和医療学分野の医学者、宗教民俗学者、美術史学者、生体医工学者、臨床倫理学者といった、いずれも

生命、生死に関わりながらも、それぞれ異なる学術畑を歩いてきた研究者たちはどのような切り口で生死を語るだろうか。

　かく言う私は無機材料科学を研究してきた。生命あるものを体現する「有機的な（organic）」ものとは対極をなす「無機的な（inorganic）」なものを対象とした学問である。鉱物やセラミックスのような無機物の世界は、およそ生死とは無関係の世界である。「満開の花はなぜ美しいか？」それは間もなく散るからこその美しさ、一瞬の儚さを感じるからなのかもしれない。このような有機的なものがもつ侘び寂びの世界に対し、無機物の世界はどうであろうか。「宝石はなぜ美しいか？」それは永遠の輝き、すなわち不変不朽の輝きであるからに違いない。鉱物の中でも、透明で硬度に優れたものだけが宝石として珍重されるのは、地球の長い歴史の中で、変形や摩耗することなく、姿を変えずに存在し続けるからである。それでは宝石に生命は宿らないのであろうか。実は、宝石の世界にも誕生はある。ダイヤモンド合成は 19 世紀後半以降、多くの科学者が挑戦し続けたテーマであったが、1950 年代半ばに至り、ようやく米国のゼネラル・エレクトリック（GE）社の研究者たちが成功した。地球深部に匹敵する高温高圧の環境を実験室につくりだし、その中で黒鉛を原料にしてダイヤモンド結晶を成長させたのである。当時、この世紀の大発明を人工ダイヤモンド（artificial diamond）ではなく人造ダイヤモンド（man-made diamond）と呼んだのは、人類の叡智と情熱が永遠の輝きを有する結晶に宿っていたからであろう。artificial という言葉がもつ（それこそ）無機的な響きに対し、man-made という言葉には人類の営みといった泥臭さを感じ取ることができる。無機物を対象にした世界に生きる自分にとって、お気に入りのストーリーの 1 つである。

　さてさて、本書では碩学達が生死を題材にどのようなストーリーを紡ぐであろうか。皆さんと共に楽しみたい。

東北大学教養教育院
院長　滝澤博胤

第一部

第一章　生と死の発生学

田村　宏治

はじめに

　生と死を考える、というトピックが人々の興味を惹くのは、それが自己を考えることに通ずるからだろうと思います。「自分はどこからやってきて、どこへいくのか」という思いは、生命観そのものかもしれません。このような生命観が自己に向けられたものであるため、そして生まれることと死ぬことの神秘性の強さから、生と死への思考は感動や畏敬あるいは恐怖の感情を引き起こします。それは当然の感情であって、私自身も考えるたびに心揺さぶられます。しかしこれから本稿を読んでいただくにあたり、また生物学的とくに発生学的に生物を捉えるために、形容詞で表現されがちな感情をいったん頭から外していただこうと思います。感情抜きの客観的な視点を、了解するかどうかは別として理解していただければ、本書の第一章として冒頭に置かれている本稿の意義は達成されたようなものかもしれません。

第一節　ある生物学的視点

　さて、図1Aは言わずと知れたパンダです。ただそこにいるだけで「かわいいっ」。どうしてこんなかわいい動物が地球には存在しているのか、考えるだけで楽しくなってくるものです。ただエサを食べているだけなのに、人に愛想を振りまくために生まれてきたかのような愛くるしさ。この写真は私が和歌山県の動物園（アドベンチャーワールド）で撮影したものですが、実物のパンダを見るとその豊かな動作も相まって、もう抱きしめたくなるくらい（実際にはかなりデカいが）、かわいらしく何時間でも見ていられそうなほどです。一方、図1Bはトカゲの仲間でマ

図1A　ジャイアントパンダ（著者撮影）

図1B　マダガスカルヒルヤモリ（素材辞典®Vol.62、イメージナビ社より）

ダガスカルヒルヤモリと呼ばれ、アフリカのマダガスカル島に生息する動物です。この写真は私が撮影したものではないのですが、写真を見るだけならかわいいなあと思います。「見るだけなら」と書いたのは、実際のトカゲの多くは小型でも威圧感があるので「噛まれたらどうしよう」と思ったり、触ったときの鱗の質感や体をくねらせて身をよじることを想像したりして、可愛いというより怖いな、ちょっと気持ち悪いなと思うからです。でもこの写真、目はくりくりだし首を持ち上げて上目遣いにこちらを見て口角を上げ、あたかもこちらに向かって微笑んでいるかのようです。

　ここで「ちょっと待った！」を入れましょう。この動物はトカゲの仲間なので、爬虫類です。微笑むという行為は表情筋（顔面筋）が一定の動きをすることによって生じるのですが、この表情筋はちょっと特殊な筋肉です。筋肉は通常は骨と骨をつないで弛緩と収縮を繰り返すことで骨格を動かしますが、表情筋は皮膚（真皮）に接続していてこの筋肉が動くと皮膚が動くようになっています。だから口角を上げ下げしたりして表情を作ることができるのですが、この表情筋、哺乳類にしかない筋肉です。爬虫類が一般的に持っていることはありません。私は写真のヤモリを解剖したことがないので、このヤモリが表情筋を持っていないか確かめたわけではないですが、おそらく存在しないでしょう。トカゲが感情として笑いたくなるかどうかは知りませんが、少なくとも表情筋を使って表情を作ることはできないはずです。なので、彼が微笑んでいるはずはありません。さらにもう少し、写真撮影の現場を想像してみましょう。この写真をよく見ると、顔面には極めてきれいにフォーカス（ピント）が合っているのに、奥の方すなわち体の下半分はかなりぼやけています。いわゆる焦点深度が浅い写真で、いかにもマクロレンズを使って接写した感があります。ということは、おそらくカメラは被写体にかなり近い。体長二、三十センチのトカゲをマクロレンズで狙い、背景が真っ白になるほどのコントラストをつけるためにはおそらくフラッシュも焚かれているでしょう。この写真を拡大してみると、彼の瞳には

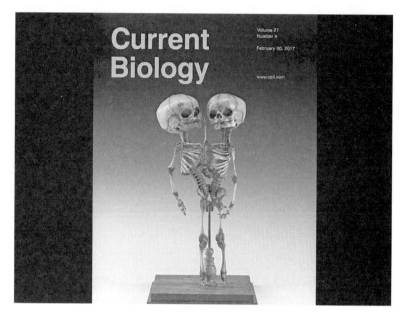

図1C　ヒトのシャム双生児標本（学術誌 Curreut Biology の表紙）

レフ板と思しき四角い影とまばゆい光が反射して映り込んでいるように見えます。おそらくスタジオ撮影ですね。と、ここまで書くと、たとえ爬虫類が笑うという感情を持つとしても、はたしてこの写真を撮られた瞬間に笑うという感情は生じているだろうかという疑問が沸いてきます。むしろ、恐怖あるいは威嚇、ひょっとすると混乱して自失しているかもしれないという方が、蓋然性が高い気がします。こう考えてくると、この図1Bの写真を見て「かわいいな」と思う感情がいかに主観的であるかが分かります。

　もちろん、上に書いた私のマダガスカルヒルヤモリの写真に対する推測はあくまでもひとつの見方でしかなく、正しいかどうかも確かめていないのでわかりません。パンダにしても、彼らはもちろん人に見てもらうために生まれてきたわけでも、愛想を振りまくために存在しているわ

けでもない（おそらく）。地球上に生息する何百万種類もの生き物の中で、たまたま人間が持つある感情と共鳴した形質（形態と性質）をしていたということでしょう。動物はかわいいし、花は美しい。魚は美味いし、ヘビは気持ち悪い。ですが、生物学的に動物の生と死を考察するために、いったんこの形容詞表現の感情を横に置いてほしいのです。

　図1Cをご覧ください。これはヒトの骨格標本ですが、一目見て強烈な印象を持った人も多いのではないでしょうか。これはオカルト映画でもヴンダーカンマーでもなく、ある生命科学研究分野の国際科学誌（Current Biology 誌）の 2017 年 2 月 20 日号の表紙の挿絵です。この骨格標本はいわゆるシャム双生児の骨格ですが、これが科学誌の表紙となったのには理由があります。シャム双生児は、発生の初期に一卵性双生児が生じた際に個体の分離が不十分で、体の一部が接合あるいは共有されている状態にあります。ある調査では、胸部あるいは腹部で接合したシャム双生児の片方の個体の約半数が内蔵逆位になっていることが示されています（引用文献 1）。図1Cの号の Current Biology 誌には、どのようなメカニズムでシャム双生児の内蔵逆位が引き起こされるかを、ヒトではなく両生類の卵を用いて行った研究論文が掲載されており（引用文献 2）、その論文の紹介のためにこの挿絵が表紙に採用されているわけです。内臓逆位のメカニズムについての詳細はここでは述べませんし、この骨格標本のシャム双生児個体自身に内蔵逆位があったかどうかは私にはもちろんわかりません。

　図1に示した3枚の写真をもとにお話ししたかったのは、生物学における生物の見方のひとつとして、対象とする生物に対する感情などの主観を脇に置いて客観的に生物を捉える、という見方をしたいということ、これからする私のお話はそのような見方をして動物の生と死について考えてみようというものだ、ということです。言い換えると、「生物の命に価値を与えない」ということになります。あるいは、「すべての生物を等価に扱う」ということです。したがって、自分の子供が生まれることもニワトリのヒヨコが生まれるのも同じ、あるいは自分の父親が死ぬのもミ

ジンコが一匹死ぬのも同じ、として考えます。このような物言いをすると「冷たい」あるいは「ひどい」と言われたり、「だから理系の学者は……」としばしば批判されたりします。甘んじて受けますが、私は「感情を無くせ」と言っているのではなく、「とりあえずいったん横に置いてみる」ことで見えてくる生物としての生と死を考察してみたいのです。いずれ理系学者が、理屈っぽく感情無さげな堅物に見えるだろうことに異論はないのですが。

第二節　生物とは何か

　さて、すべての生物を等価に扱うとした場合に、生物をどのように見ていけばよいでしょうか。そもそも"生物"とは何でしょう。生きている物に違いないのですが、この「生きている」を定義するのがすこぶる難しい、というか生と死についての考察をしようとしているのに「生きている」を最初に定義するのは無理があります。ここでは、生物を"細胞でできているもの"と定義します。細胞とは何か、を考えなければいけないですが、興味が湧けば詳しくは別に学んでいただくことにして、ここでは、脂質二重層とタンパク質を主成分とする細胞膜で包まれた、自己複製能と遺伝情報を持つ、小器官と言われるさまざまな構造を内包した有機体、くらいにしておきましょう。すべての生物はこの細胞を最小単位としています。この定義では、ウイルスは生物ではありません。ウイルスは自己複製能と遺伝情報を有する有機体ではありますが、細胞膜を持たないからです。ではウイルスは何かと問われれば、「ウイルスはウイルスである」とお答えしましょう。

　生物は大きくふたつの種類に分けることができます。ひとつは、1個の細胞でひとつの生命体が成り立っている生物で、単細胞生物と呼びます。アメーバやゾウリムシなどの名前を聞いたことがあると思いますが、これらは単細胞生物です。もう一方は多細胞生物といい、名前のとおり多数の細胞で構成された生物で、動物も植物も多細胞生物です。ヒトは多細胞生物の一種で、37兆個もの細胞で構成されています（引用文

献3）。当然ですが37兆個の細胞にはいろいろな種類があり、均質の細胞
が塊を作っているわけではありません。ヒトの場合、神経・心筋・骨格
筋・表皮（表皮細胞だけでも何種類もある）・骨などおよそ200種類の細
胞があると言われます。たとえば心臓は推定でも億の単位の細胞数で構
成されており、おびただしい数の心筋細胞が同調して拍動することに
よって、ひとつの心臓の動きを生み出しています。生物種によります
が、一般的に多細胞生物は複数種類の細胞で構成されています。

第三節　ひとつの生命体とは何か

　多細胞生物について書きましたが、ここから先は多細胞生物の中でも
動物をイメージしてお話ししていきます。ひと口に動物と言っても、ヒ
トという動物が現在も地球上に数十億個体も生息しているように、ひと
つの種類の動物には複数の個体が存在します。あとで説明しますが、個
体としては別に認識されるが同一に取り扱うクローンという存在がある
ので、ここでは“ひとつの生命体”と称することにします。ひとつの生
命体を定義しておきましょう。

　さて、多細胞生物は複数の細胞で構成されるので多細胞生物の生命体
を成り立たせるためには細胞がたくさん必要で、細胞は分裂することで
数を増やします（細胞増殖）。面白いことに細胞は一度に2個にしか分裂
しません。2分裂しながら増殖し、違う種類の細胞になり（分化し）また
増殖する。これを繰り返しながら200種類37兆個の細胞を作り出しま
す。37兆個の細胞には、かなり長期間にわたり、場合によっては寿命の
あいだずっと存在し続ける細胞もいますが、短い期間で死ぬ細胞もいま
す。小腸の上皮細胞は一日に千万単位の数の細胞が死ぬそうですし、あ
るいは死んだ赤血球は便に色を付けるほどの数です。これだけ死ぬ細胞
が多いと体重が減ってしまうはずですがそうならないのは、死んだ分だ
け細胞が新たに増殖して補われているからです。我々の体は何十年もの
あいだ細胞が増えては死に死んでは補われることで、うまく37兆個ほど
にバランスされています。細胞は増えさまざまな細胞に分化しますが、

　自分（ひとつの生命体）の体の中の細胞は同じ生命体の細胞として、他者（他の生命体）の細胞とは区別されます。臓器移植において拒絶反応が問題になるのは、自分という生命体が他者の細胞を認識して攻撃し排除しようとするからです。いわゆる免疫ですが、このような能力があるおかげでさまざまな外敵から身を守ることもできています。

　さて、他者と区別しながらも自分の細胞がどれだけ分裂しても自分の細胞として認識できるのは、同じ情報を共有しながら細胞が分裂するためです。細胞が分裂するときに常に同じ情報が2倍にコピーされ（複製）、コピーされた内容が等しく2つの細胞に分配される、これが繰り返されるおかげで、37兆個の細胞は自分の細胞として維持され機能し、細胞の集合体としての自分は活動することができます。この情報全体を"ゲノム"と呼びます。細胞が分裂するときにこのゲノムが正確に複製され等分配される。細胞はゲノムの情報をもとに機能するので、さまざまな細胞に分化しても互いが自己と認識することができます。ゲノムとは情報の総体という概念を表した言葉で、実態はDNAという種類の核酸という物質です。DNAは塩基という単位が多数（ヒトのゲノムの場合およそ30億個）並んだ有機物質で、この中に25000種類ほどの情報を含有しています。情報というのは何かと言うとタンパク質を作り出す情報のことで、言い換えるとおよそ25000種類のタンパク質を合成する情報をゲノムは持っているということになります。

　実際にはひとつの生命体の（ヒトの場合37兆個の）すべての細胞は共通に、ゲノムを2セット持っています。そのうち1セットは母親から、もう1セットは父親から継承したもので、ゆえに自分と一番似ているのは両親（あるいは自分から1セットのゲノムを継承する自分の子供）です。これが遺伝の原理のひとつであり、生物の定義で出てきていた"遺伝情報"とは、この遺伝するゲノム情報のことです。いったん2セットのゲノムが揃うとそれがいくらコピーされ細胞がいくら増殖しても（一部の例外を除いて）ゲノム情報が変化することはなく、37兆個の細胞で構成されたひとつのヒト生命体が成立することになります。そこで、ひとつの生命

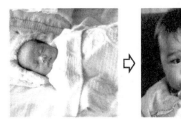

図 2　ヒトの成長

体を“特定（固有）のゲノム情報を有した生物”と定義します。私というヒトとあなたというヒトは、同じヒトという動物種ですが別の親に由来する別のゲノム情報を持つ別の生命体ということになります。

第四節　ひとつの生命体はどこまで溯れるか

　ヒトの細胞数が 37 兆個というのは成人（図 2 右）についてなので、赤ちゃん（図 2 真ん中）の細胞数はもっと少ないはずで、単純な体重比で考えると産まれたての赤ちゃん（図 2 左）の細胞数は数千億から数兆個といったところでしょうか。それでも多いですね。では、産まれる前はどうでしょう。母体内の生命体を胎児といいますが、胎児という言葉は胎生の動物（おもに哺乳類）にしか用いることができないので、より広い範囲の動物について考えるためにここでは“胚（はい）”という言葉を使います。動物の中で背骨を持つ動物を脊椎動物と呼び、ヒトも脊椎動物の一種ですが、脊椎動物の胚には大きな特徴があります。その特徴とは、胚は口からエサを取ることがない、ということです。どうやってエサを取るかというと、卵黄に含まれるいわゆる栄養分を、血管を通して体内に吸収するか、母体からやはり血管を通して栄養分を吸収します。どうりで鶏卵は栄養たっぷりなわけです。

　ヒト胚ももちろん細胞でできており、胚の大きさにもよりますが何億個もの細胞で構成されています。ひとつの生命体が細胞数を増やしなが

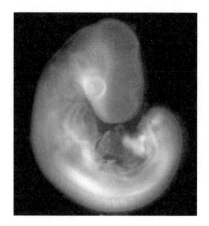

図3　ニワトリ初期胚
写真提供：齋藤大介（九州大学）

ら大きくなっていくわけですから、成人も赤ちゃんもそして母体内のヒト胚も、同じゲノム情報を持った同一生命体です。もう少し溯ってみましょう。図3はかなり若い時期の胚です。ごめんなさい、ひとつお断りしておかなければいけないのは、この写真はヒト胚のものではなく別の脊椎動物（ニワトリ）の初期胚です。基本的にはヒト胚と同じ構造をしていますので、お許しください。心臓がすでに存在しており、この写真は動画ではないので拍動している様子が分からず残念ですが、立派に拍動しています。驚きなのは胚の外側から撮影しているはずなのに心臓が見えることで、このあと心臓は巻き込まれるように体内に内包されていきます。この時期の胚がどれくらいの数の細胞で構成されているかは定かではありませんが、おそらく数十万個以上の細胞数はあるでしょう。

　では胚の状態はどこまで溯れるでしょうか。それは単純明快で、1個の細胞までです。受精卵といいます。すべての動物のひとつの生命体は、1個の受精卵という細胞に始まります。プラナリアのように普段は個体が分裂してクローンを作って増える動物も、必要に応じて受精卵を作ります。このように、37兆個の細胞を持つ成体から溯ると1個の受精卵とい

う細胞に行き着くのですが、実際の過程は1個の細胞から始まり細胞分裂を繰り返し、細胞を分化させながら心臓や脳や四肢を形成し、成長して成体に至る。これが、我々が今ここに存在するに至るまでの、ひとつの生命体としての歴史です。

第五節　生のはじまりはいつか

　受精卵から始まり、口と消化管を使ってエサから栄養とエネルギーを取り出せるようになるまで増殖・分化・形づくり・成長をする過程、すなわち胚として生命体が存在する時期を「発生過程」と呼びます。胚の時期と発生過程の終わりは哺乳類では親から分離する（分娩される）時期と一致し、鳥類では卵殻を割ってヒヨコが出てくる時期と一致します。カエルなどの両生類やメダカのような魚類では、エサを取り始めてからも体の形づくりは続いていて、たとえばオタマジャクシはかなり早くからエサを食べますが、（やがて手が出る足が出る、という歌にもあるように）手足が生えてくるのはずっと後でカエルへと変態する直前くらいです。脊椎動物だけを考えてもいつまでが発生期間か動物によっては見た目にはわかりにくいですが、どの動物でも始まりが受精卵であることはイメージしやすいでしょう。

　ひとつの生命体を"特定（固有）のゲノム情報を有した生物"とし、多細胞生物の各細胞は同じ固有のゲノム情報を有していると考えると、ひとつの生命体の起源は受精卵になります。父親の精子から1セットのゲノムと母親の卵から1セットのゲノムを受け継いだ受精卵は、胚という時期、幼生（赤ちゃん）という時期、を経て、次世代を作れる成体へと成長していきます。繰り返しますが、この間どの過程どの時期においても両親から受け継いだ2セットのゲノムはほとんど変化することがありません。このように考えると、この過程のどこにも線を引いたり点を打ったりすることはできない、すなわちこの連続した過程のどこからか先が生きている状態か、ここが生まれる点であるという点を打つことはできない、ことになります。過程の途中に点を打つのではなく過程の最初を起

点とするならば、"生のはじまり"すなわちひとつの生命体の誕生は、受精して一組のゲノムセットが成立した瞬間です。

第六節　動物は動くもの

　ところで動物とは文字通り"動くもの"なのですが、この"動く"とはどういうことでしょうか。もちろんこの言葉はさまざまな次元の多様な意味で使われるので、動くとは何であるかをここで定義しようとは思いません。ここでは、ひとつの見方として動物が動くという現象を細胞レベルで考えてみようと思います。この先に出てくる"動く"とは活動することで、飛んだり跳ねたりすることだけでなく、熱を出す、光る、物質を作る、など動物の営み全体を指しています。

　動物が動くのは細胞が動くからです。動物は細胞で成り立っている多細胞生物であるので、当たり前といえば当たり前なのですがあまり実感はありません。とはいえヒトが歩くのは、関節で隔てられ可動性のある骨同士を筋肉が腱を通して連結し、筋肉が弛緩と収縮を繰り返すことで連結している骨を動かすからです。筋肉という構造はおもに筋細胞という細胞が集合した組織ですが、この筋細胞がとても興味深い。筋細胞は筋繊維とも言われるくらい細長い細胞で、この細い細胞が束になって筋肉を構成しています。ちょうど、カニカマみたいな構造になっているわけです。ヒトが歩くとき、いくつかの筋肉が同調的に弛緩したり収縮したりするのですが、このとき各筋肉の筋細胞が同調して同じタイミングで弛緩と収縮を繰り返します。細胞が伸び縮みするのは、細胞の内側で入れ子状に並ぶ2種類のタンパク質（アクチンとミオシン）の位置関係が細胞の長軸方向にずれるためです。アクチンとミオシンの位置関係が左へ右へと動くことによって細胞自体を伸縮させているのです。

　タンパク質同士の位置関係がずれるというのは物質の移動あるいは変形にほかならず、そのためにはエネルギーが必要です。車が動くのにタイヤを回転させるためのピストンが動く必要があって、ピストンを動かすエネルギーを得るためにガソリンという燃料を爆発させている、エン

ジンと同じ理屈です。細胞はガソリンを燃焼させてエネルギー源として使う代わりに、ある物質に水をかけたときに生じる加水分解エネルギーというのを使います（化学反応エネルギーの一種）。ある物質というのはATP（アデノシン三リン酸）と呼ばれる有機化合物で、この物質の化学結合中にエネルギーが蓄積されていて、水を加えてこの化学結合を外し、エネルギーを取り出すわけです。このATPという燃料物質を分解してエネルギーを取り出し、たとえばタンパク質をさまざまに変形させたり、作ったりあるいはつなぎ変えたりすることで細胞は活動します。タンパク質が触媒（酵素）となって、いろいろな物質を合成したり分解したりもします。ATPをエネルギー源として使う仕組みは、細胞が動くための全生物に共通の仕組みになっています。

　話は少し脱線しますが、そもそもATPの化学結合に蓄積されているエネルギーはどこから来たのでしょうか。エネルギーは無から生じないはずなのでどこからか持ってきているわけですが、その元になっているのは基本的には糖質です。糖という有機化合物には大量のエネルギーが化学結合として備蓄されており、これを細胞がATPに置き換えてガソリン代わりに使います（糖からエネルギーを取り出すには時間がかかるが、ATPからだと速いので）。でもこれではATPから糖質へと物質が変わっただけでどこから来たかの説明にはなっていませんね。元をたどっていくと、生物の活動を生み出す素となるエネルギーはすべて太陽からの光エネルギーになります。われわれ地球上の生物は太陽の光がないと生きていけません。ただし、太陽光エネルギーを糖質など生物が使える形の化学エネルギーに変換（光合成）できるのは植物だけで、ほとんどの動物にはこの変換ができません。なので、動物はエサを食べるのです。エサの中の糖質を分解し体内に吸収してATPに換え、これを燃料としてエネルギーを取り出して動きます。われわれ動物はしたがって、太陽がないと生きていけないと同時に植物がいないと生きていくことができません。ATPを化学合成するときにもう一つ必要な物質である酸素を作り出してくれているのも、もっぱら植物ですし。光エネルギーを化学エネル

ギーに変換する光合成という一連の化学反応の中で、二酸化炭素と水が使われ、糖質とともに酸素が生じるのです。一方で植物は自分でも糖質からATPへ作り変えて細胞活動のエネルギーとして使いますが、この時に使う酸素は植物が光合成のときに作った酸素です。こうなってくると、植物は動物がいなくても生きていけそうですが、そうでもないようです。話は尽きません。

　中学校の理科の教科書で読んでいるような話になってきましたが、整理すると「動物が動くためには細胞が活動する必要があり、細胞が活動するためのエネルギーにはATPを使う。ATPの合成には糖質と酸素と水が必要で、動物はこれらを自分で作ることができないので何らかの方法で外界から摂取する必要がある。」という話です。ちなみにこの"糖質と酸素と水からATPを合成する（一連の）化学反応過程"を「呼吸（酸素呼吸)」といいます。

第七節　死はプロセスである

　ガソリン代わりにATPを合成してエネルギーの素とする、という内容に関して面白いのは、この酸素呼吸と呼ばれる化学合成が37兆個すべての細胞で営まれていることです。多細胞生物体ではさまざまな細胞が分化し、それぞれに分化した細胞によって機能が分業されているのが普通で、酸素を運搬するヘモグロビンを作る赤血球はおもに骨髄で作られ（哺乳類の場合）、血液中の糖質量を一定に保つためのインスリンを作るβ細胞は膵臓にあります。各細胞がATPを合成することで個々の細胞が活動するという細胞の基本動作は、おそらく単細胞生物の元となった地球上の生物の初期から使われており、30億年以上のあいだずっとこの方法を使って細胞は、すなわち生物は活動してきたわけです。

　話をヒトに戻しましょう。37兆個すべての細胞でATPが作られ続けるためには、少なくともATP合成の材料である糖質・酸素・水がすべての細胞に供給され続ける必要があります。これらを直接的に細胞に供給するのは、おもに血液です。人体の隅ずみまで（皮膚の表皮層以外は）血

管が張り巡らされているのはこのせいで、どうりでどこが切れても血が出るわけです。糖質は分解（消化）された食物（エサ）からおもに小腸を通して血液に入り、水も多くは大腸などの消化管から吸収され血液に入り、酸素は皮膚からの直接の吸収もありますがおもには空気から肺を通過して赤血球に渡されやはり血液に入ります。血液を使って糖質と水と酸素を運ぶので、血液を循環させるためのポンプである心臓はポンピング（拍動）を止めることはなく、口と鼻を使った空気の取り込み（空気呼吸）も止むことはなく、水がないとヒトは生きていけない。ただし三つの物質の要求性は異なっていて、酸素が一番強くてほとんど体内に貯蔵することができないのに対し、水と糖質は数十時間あるいは数日間供給が止まっても体内に貯蔵してある分を使ってATPを合成することができます。

　では、ようやくですがこれまでの話を使って、動物が死ぬという現象を考えてみましょう。動物は細胞でできていますので、動物が死ぬということは細胞が死ぬことにほかなりません。もちろん、高熱で焼かれたりしても細胞は死にますが、このような細胞全体の崩壊あるいは消失は除外して考えましょう（この場合、生命体自体が瞬時に無くなっている）。細胞が死ぬのは細胞が正常に機能できなくなる、すなわち細胞の運動停止なので、そのおもな原因は細胞が酸素呼吸をできなくなることです。そして酸素呼吸の停止の主要因は、ATPの原料である糖質・水分・酸素（のいずれか）の供給が停止されることです。たとえば酸素供給が停止すると細胞が死ぬわけですが、37兆個の細胞が一度に死ぬというのは考えにくいですし、実際そうはなっていません。酸素供給停止後に細胞が死に始めるまでの時間は細胞種ごとに違っていて、死に始めるのが早い脳の神経細胞では数十分後には細胞が死に始めているそうです。何度も登場した骨格筋は比較的ゆっくり死に始めます。皮膚の最外層組織である表皮の上皮細胞はかなり遅くに死に始め、数日間かけて無くなっていきます。酸素供給停止後に最も長生きする細胞に精子があって、一週間とか生存するそうです。

　ヒトは37兆個の細胞でできていて、200種類ほどの異なる細胞種を持っています。細胞の種類によって酸素呼吸が止まるまでの時間に差異があるので、細胞が死ぬことで生命体が死ぬとすると、多細胞体とくに多数の細胞で構成される動物が死ぬまでには少なからぬ時間がかかることになります。このような不可逆的にいずれすべての細胞が死ぬ過程が動物の死であって、言い換えると「死はプロセス」であると言えます。過程なので起点と終点があるはずで、終点はすべての細胞が死んだ時点とすればよいですが、起点は定義できそうにありません。考え方によっては「生が始まった瞬間から死のプロセスは始まっている」と解釈することもできそうだからからです。言い換えると、プロセスである多細胞生物の死の起点を定めることには何らかの解釈が介在することになります。本稿で述べている生物学的な論理展開としては動物の死はプロセスで、その過程のどこかに点を打ってここからが死と定義することはできない、点を打つ行為は“解釈”の問題が絡んでくるというのが、お話ししたかった内容でした。

　まとめると「死はプロセス」ということになり、ひとつの生命体の一生、すなわち生が始まってから死のプロセスが終了するまでのあいだに、これ以上どこかに点を打って「ここからが死」と決めることは生物学的あるいは発生学的にはできない、というのが本稿における生物の死に関する私の結論です。

おわりに ──さらなる考察──

　「死はプロセスである」「したがって点は打てない」と書くと、「それはそうかもしれないけれど、それでは議論にならない」と思われるかもしれません。しかし議論にならないのはおそらく人間社会においての死を考えた場合にはということで、それは「死はプロセスである」という前提のもとに別途考えられるべきことです。そして人間社会における死について私は言及する立場にはなく、読者のみなさんは本著を読むなかでその議論を体験し自ら考察していくことになるはずです。その際に、納

得するかどうかは別として、「死はプロセスである」という結論以外に死を定義することは、生物学的に見て点を打てないものに点を打とうとすることに等しい、というのが本稿の帰結だということを理解しておいてほしいと思います。

　最後に、生と死に関わるいくつかの内容について考察しておこうと思います。ひとつは「生命体」という言葉についてです。本稿ではひとつの生命体を、特定（固有）のゲノム情報を有した生物としました。そして、「個体」という言葉を（一卵性双生児の説明以外には）できるだけ用いずに、ひとつの生命体の生と死について考察してきました。それは、ひとつの生命体が複数の個体として存在する場合があるからです。クローンがこれです。クローンとは、同じゲノム情報を持った複数個体を指す言葉なので、同じゲノム情報を持つものをひとつの生命体とした場合にはその生命体が複数個体存在することになります。さらに、死をひとつの生命体について考えるならば、クローンのひと個体が死んでもその生命体は死んでいないことになります。一卵性双生児という2個体のクローンを考える場合に問題が生じそうですが、それも人間社会においての話であり、本稿で述べた前提では片方の個体が死んでもその生命体は無くなっていない、のです。「プラナリアではそうかも知れないが双生児にまで言われると納得できない」と批判されそうですが、であれば前提を少し変えると納得しやすいかもしれません。私の置いた前提ではなく、「個々の独立した個体をひとつの生命とする」とすると、ひとつの個体の死をひとつの生命の死と同義ととらえることができるでしょう。この場合でも死がプロセスであるという結論は変わりませんが、ただしクローン個体と別ゲノム個体の区別がつかなくなります。

　もう一点、生命体が死ぬあるいは個体が死ぬということと生命の連続性について考察しておきましょう。ある個体数の生物集団がいるとします。個体には寿命があるので、いずれその個体集団はすべて死んで無くなるはずです。しかし、集団の一部（すべてである必要はない）が死ぬ前に次世代を作ると、その集団は無くならなくなります。このとき、生

命体のゲノムが次世代に引き継がれるだけでなく、その生命体の細胞の
ひとつ（配偶子、たとえば精子と卵）が次の世代の新しい生命体の最初
の細胞である受精卵のもとになります。ゲノムを構成するDNAについて
も、新しく作り出しているのではなく引き継いでいるだけです。この意
味で、次世代は新しく細胞を作っていません。分裂して増殖する際には
細胞の材料は新しく作り（タンパク質などを合成しDNAを複製し）もと
の細胞に足すようにして増えていきますが、生物がいちから細胞を作る
ことはないのです。現存する生命体につながる細胞がいちから作られた
のは、理論上は一度だけ（一個とは言いません）で、それは地球上に生
物が誕生した時です。生物の誕生以降の三十数億年のあいだに、新たな
細胞が全く別のところから生み出されたことは一度もなく、遺伝と生殖
と個体発生が連綿と続き、これだけ多様かつ多数の生物が地球上に生息
するまでに至っているのです。この過程をずっと見てきたわけではない
ので、一度もない、と断言するのはちょっと言葉が過ぎるかもしれませ
ん。別にも生じていると言える証拠が現時点での生物学の知見には無
い、あるいは上のように考えることで知見のすべてを矛盾なく説明でき
る、というのがより正確な言い方です。

　こうして考えてみると、生命体の一部しかもゲノムと細胞という生物
にとって重要な部分はずっと残り続いていることになり、生物にとって
の死とは何なんだろうとも思えてきます。ここまで書いておきながら最
後に疑問形が出てくるほど考えは揺らいでいる、なんて書くなよと言わ
れそうですが、私もこれからこの本を最後まで読んでみようと思います。

（引用文献）

1．Michael Levin, Drucilla J. Roberts, Lewis B. Holmes, Cliff Tabin. (1996). Laterality defects in conjoined twins. Nature, 384, 321.
2．Matthias Tisler, Thomas Thumberger, Isabelle Schneider, Axel Schweickert, Martin Blum. (2017). Leftward Flow Determines Laterality in Conjoined Twins. Current Biology 27, 543–548.
3．Eva Bianconi, Allison Piovesan, Federica Facchin, Alina Beraudi, Raffaella Casadei, Flavia

Frabetti, Lorenza Vitale, Maria Chiara Pelleri, Simone Tassani, Francesco Piva, Soledad Perez-Amodio, Pierluigi Strippoli, and Silvia Canaider (2013). An estimation of the number of cells in the human body. Annals of Human Biology, Early Online, 1–11. DOI: 10.3109/03014460.2013.807878

第二章　生・老・死の生物学

水野　健作

はじめに

　山田風太郎『人間臨終図巻』[1] には、15 歳で死んだ八百屋お七から121 歳で死んだ泉重千代まで、名前を知られたおよそ千人の人々の死に様が描かれている[(註1)]。パラパラとめくってみると、この人はこんなに若くして死んだのかとか、この人はこんなに長生きしたのかとか、意外な発見があり、興味が尽きない。たとえば、現在の私の年齢（69 歳）のところを開いてみると、伊達政宗・千利休・千姫・二宮尊徳・円谷英二・スカルノ（Sukarno）・オナシス（Aristotle Socrates Onassis）などが並んでいる（そうか、千姫は秀吉より長生きしたのか）。加えて、死にまつわる多くのアフォリズムも添えられている。曰く、「幸福の姿は一つだが、不幸のかたちはさまざまだ、とトルストイ（Lev Tolstoy）はいった。同じように、人は、生まれてくる姿は一つだが、死んでゆくかたちはさまざまである[1]」などなど。かくして、人はさまざまに死に、その死に様はその人の人生のすべてを凝縮している。多くの死者をつづったこの壮大な書をひもとけば、「人は死ぬ、必ず死ぬ。善人も悪人も、智者も愚者も、富者も貧者も、権力者もそうでない人も、例外なく、だれもがいつかは必ず死ぬ」ということをあらためて思い知らされる。

　死は人生の終わりであり、人が一生のあいだに経験し、たくわえてきた記憶も知識も能力もすべてが失われ、もとに戻ることはない。死は人生のもっとも重大なできごとであってみれば、死は人の最大の関心事であるのは当然のことであり、多くの哲学書や文学作品、芸術作品にとりあげられてきた。また、宗教は死後の世界や霊魂の不滅など死に関心をもつ多くの人々を惹きつけてきた。医学もまた、人の生と死に直結して

23

いる。医師は人に死を宣告し、生者であったものに死者の烙印を押し、人の生と死の境界を定める。生と死にかかわる多くの課題（生殖補助医療・出生前診断・脳死・終末期医療・尊厳死など）が医学にかかわっている。

　このように、生と死については哲学・宗教・医学などさまざまな側面から考える必要があるが、本稿では、これらの側面には触れず、生物学的な側面からヒトの生・老・死について考えていきたい（生物としての人はヒトと表す）。そして、老化や死は必然か、老化や死はなぜ進化したのか、寿命を決めているものは何か、寿命を延ばすことはできるのか、などについて考えていきたい。

第一節　生物学からみたヒトの一生

　まず、ヒトはどのように生まれ、どのように死んでいくのかを生物学的な観点から考えてみる。そして、ヒトという生物「個体」を構成している「細胞」はそもそもどこからきたのかを考える。

1.1　ヒトの誕生

　私たちヒトの一生は、「母の胎内からオギャーとこの世に生まれ出た瞬間に始まり、息を引きとった瞬間に終わる（誕生日に始まり、命日に終わる）」、と一般的には考えられている。しかし、生物学的には、母の胎内で（あるいは人工授精では培養皿の上で[註2]）母の卵子と父の精子が合体し、受精卵となった瞬間がヒトという生物「個体」の始まりである（図1）。つまり、ヒトの一生は受精卵という1個の細胞から始まるのである。受精卵は、分裂を繰り返して細胞の数を増やし、成人ではおよそ37兆個もの細胞にまで増えている。その間、細胞は単に分裂して均一な細胞の集団を作るのではなく、皮膚細胞・筋細胞・神経細胞・血液細胞など形も性質も異なった多様な細胞（分化した細胞という）が作り出される。分化した細胞も受精卵と同じゲノム配列をもっている（ゲノムとはある生物のもつすべての遺伝情報をあらわす）。同じゲノム配列をもって

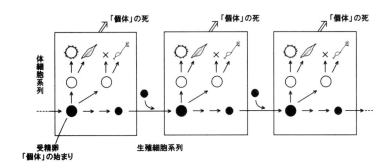

図1　生物学から見たヒトの一生

ヒト「個体」の一生は、受精卵という1個の細胞から始まる。受精卵は分裂し、約37兆個の細胞からできた「個体」ができる。ヒト「個体」には生殖系列の細胞（黒丸で示す）と体細胞系列の細胞がある。生殖系列の細胞はゲノム情報を次世代に継承する。体細胞や「個体」は生殖細胞の働きを支えるための道具あるいは乗り物にすぎず、体細胞は「個体」の死とともに死滅する。×はアポトーシスによる細胞死を表す。

いるにもかかわらず分化した細胞がさまざまな形や性質を示すのは、細胞によってどの遺伝子が発現されるかが違っているからである。また、成長していく過程で、個体にとって不要な細胞は自発的に死ぬようにプログラムされている。こうして多くの分化した細胞が連携し、協力しながらそれぞれの役割を果たすことによって（一部の細胞は自死することによって）、ヒト「個体」は総体として成長し、生きている状態が保たれているのである[註3]。

1.2　ヒトの生殖：生殖細胞と体細胞

　ヒト「個体」は成長し、やがて性成熟すると、生殖活動を行い、子どもが産まれる。子どもには、母親と父親から半分づつゲノム情報が伝わるが、これを担っているのが生殖細胞（卵子と精子）である。ヒト個体を構成する細胞は、生物学的な役割の違いから、生殖細胞系列と体細胞系列の2つの細胞群に大きく分けることができる（図1）。生殖細胞系列の細胞は減数分裂によって卵子と精子を作り出し、これらが合体して受精卵が生じ、ここからまた新たな個体が作り出される。このようにして、ヒトは世代を重ね、自らのゲノム情報を次世代に継承していく。生

殖系列の細胞は個体の中のごく少数の細胞であるのに対して、それ以外の大部分の細胞は体細胞とよばれ、個体の成長と生存を支えている。ヒトが次世代にゲノム情報を伝えていくには生殖細胞が必須であるのに対して、体細胞は生殖細胞（あるいは遺伝情報の伝達）を助けるための道具あるいは乗り物として、生殖細胞（あるいは遺伝子）に奉仕しているにすぎないとみなすことができる[註4) 2)]。生殖活動を行なった後の体細胞は役割を終え、個体の死とともに死滅する[註5)]。

1.3 ヒトの老化と死

　生殖活動を終えると、個体としてのヒトは加齢とともに老化し、さまざまな機能が低下し、加齢性疾患（がん・糖尿病・心血管病・認知症など）になり、やがては死が訪れる。個体の活動は、多くの異なった細胞や臓器の連携によって維持されているので、ごく一部の細胞・臓器が機能できなくなっても（心臓が動かなくなっても、脳が機能しなくなっても、肺が酸素を取り込めなくなっても）、個体としてのヒトは死ぬ。この時、身体の大部分の細胞はまだ生きているが、やがては栄養分も酸素も尽きて、すべての細胞に死が訪れる。臓器移植を可能にしているのは、このように一部の細胞の機能停止（脳の機能停止）によって個体としての死（脳死）と判定されても、他の細胞や臓器はまだ生きているからである。ヒトの死は、医学的・法的にはいつの時点と決められているが、生物学的には死の兆候が現れてから最後の細胞が死ぬまで、じわじわと死んでいくのである。

1.4 受精卵はどこからきたのか：38億年の"なが〜い"つながり

　ヒトの一生は受精卵という一つの細胞から始まるが、それではその受精卵はどこからきたのだろうか。受精卵は、卵子と精子の合体によって生じるが、これらの卵子・精子ももとをたどれば母親と父親という個体を生み出した受精卵から生じたものである。その受精卵も祖父母の生殖細胞から生じたものであり、次々とさかのぼっていくと、ヒトの祖先（ヒト

とチンパンジーの共通祖先）、霊長類の共通祖先、哺乳類の共通祖先、脊椎動物の共通祖先、真核生物の共通祖先、さらにはすべての生物の共通祖先にまでさかのぼれることになる。およそ 38 億年前に生じたとされる原始生命体の誕生を除いて、その後、一度も生命は新たに誕生したことはなく、地球外から飛来したこともないとすると、現在地球上に存在しているすべての生物を構成している細胞は、38 億年前に生じた原始細胞が連綿と分裂を繰り返すことによって生じたものであるといえる[註6]。ルドルフ・ウィルヒョー（Rudolf Virchow）の「あらゆる細胞は別の細胞に由来する（細胞は細胞から）」のことばどおり、38 億年前のただ 1 回限りの例外を除いて、細胞は常に細胞から生じたのである。私たちを構成しているすべての細胞は、もとをたどれば 38 億年のあいだ途切れることなく連綿と分裂を繰り返してきた原始細胞の子孫なのである。それはヒトだけでなく、細菌もアメーバも動植物も現在地球上に存在するすべての生物についても同様である。これらはすべて共通の原始細胞を起源として、38 億年をともに生き延びてきた兄弟なのである。このことに想いを馳せれば、長い年月にわたって生き延びてきた細胞の強靭さと柔軟性に驚かされる。

第二節　ヒトの寿命、生物の寿命

　前節ではヒトの一生を概観したが、ここではヒトはどのように死ぬのか、他の生物と比べながら、みていきたい。

2.1　ヒトの寿命

　2020 年の統計では日本人の平均寿命は女性 88 歳、男性 82 歳で、日本は世界有数の長寿大国である[3]。明治、大正時代には 44 歳前後であったことを考えると、この 100 年で 2 倍近く延びたことになる[4]。その原因としては、栄養状態や衛生環境の改善、医療の進歩、乳幼児の死亡率低下などが考えられる。一方で、ヒトの最長寿命は 120 歳くらい、これまでの最長記録は 122 歳で[註1]、これ以上に長生きした人はいない（江戸時代

にも長命の人はおり、天海僧正は 107 歳で死んだらしい [1])。このように、ヒトの平均寿命は年々延びているが、最長寿命には生物学的な限界があるようにみえる。なお、平均寿命と健康寿命（介護を必要とせず自立して生活できる期間）の差はおよそ 10 年ある。健康寿命を延ばして、死ぬ直前まで健康でいることは、本人や家族の生活の質を高め、また医療費や介護費を削減することにもつながるため、医療や老化研究の大きな目標となっている。

2.2　ヒトの死に方：事故死（偶発死）と寿命死

　ヒトはいつかは必ず死ぬが、その死に方はさまざまである。事故・災害・飢餓・戦争・自殺・他殺・感染症・肺炎・がん・心疾患・脳血管疾患、そして老衰。ヒトの死に方はさまざまだが、その要因は大きく 2 つに分けることができる。一つは事故や環境変化などの外的な要因によって偶発的に死ぬ場合である（事故死あるいは偶発死とよぶ）。他の一つは、ヒトという生物のもつ内因的な要因、つまり、加齢に伴う生理機能の低下（老化）によって、加齢性疾患あるいは老衰で死ぬ場合である（寿命死とよぶ）。感染症による死は前者に含めてよいだろう。老化は「年をとるにつれて生理機能がおとろえること」と定義されるが [5])、老化は加齢性疾患および寿命死の最大の危険因子である。本稿では、ヒトに固有の生物学的、内因的な要因による死を寿命死ととらえ、老化と寿命死が生じるしくみと理由について考える。

2.3　大腸菌は死なないのか

　ヒトはいつかは死ぬ。まわりにいるイヌもネコもセミもトンボもいつかは死ぬ。だから、生物はいつかは死ぬ運命にあると考えがちだが、はたしてそれは正しいだろうか。「死なない」生物はいないのだろうか。大腸菌のような細菌は、栄養条件や環境条件がよければ、無制限に分裂を繰り返すことができる。栄養が不足したり生育スペースがなくなると分裂を止めるが、栄養源やスペースのある環境に移すとまた分裂を始める。

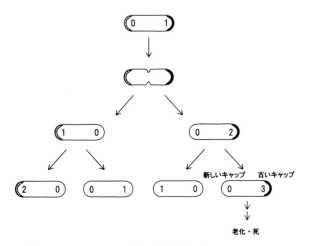

図2　大腸菌の老化と死[6)]

大腸菌は分裂によって2つの均一な娘細胞ができるようにみえるが、分裂面には新しいキャップが作られるので、娘細胞は古いキャップと新しいキャップをもつ非対称な構造となる。古いキャップをもつ大腸菌を追跡することによって分裂回数を数えることができる。分裂回数の多い細胞は分裂できなくなり、やがては死滅する。数字はキャップが作られたときを0として、その後の世代数を表す。

　このように、大腸菌は飢餓や捕食によって事故死することはあっても、寿命死することはないと考えられてきた。

　しかし、最近、この考え方には異論が生じている[6,7)]。分裂によって生じた大腸菌はみた目には同じで、もとの大腸菌と区別がつかない。しかし、くわしくみると、分裂後に生じた境界面には新しいキャップが作られている。つまり、娘細胞は、親から受け継いだ古いキャップと、分裂面にできた新しいキャップからなる非対称な構造をもっている（図2）。古いキャップをもつ大腸菌を世代を通して追跡し、大腸菌の分裂回数を数えると、分裂回数の多い大腸菌は、やがて分裂しなくなり、ついには死滅することがわかる（古いキャップが大腸菌の生存に悪影響を及ぼすのだろう）。つまり、個々の大腸菌に注目すると、大腸菌にも老化と寿命があるということになる。

　このような見方がある一方で、大腸菌のような細菌は「死なない」ということもできる。大腸菌が分裂したあとには親の細胞はいなくなって

しまい、親細胞と同じゲノムをもつ2つの娘細胞（クローン）が生じるだけで、それらがさらに分裂を繰り返して生き続ける。このような生き方はヒトや動物の生き方とは明らかに異なっている。ヒトのような生物では、生殖によって子どもを残し、生殖細胞は次の世代でも生き続けるが、生物「個体」は1世代だけで死ぬ（図1）。生物の老化や死をどう定義するかにもよるが、大腸菌にはヒト「個体」のような死は考えられない（分裂したあとには親「個体」はすでにいない）。ヒトの生殖細胞が世代を超えて死なずに生き続けるのと同じような意味でいえば、大腸菌は「死なない」といってよいだろう。

　生物の進化系統樹をたどると、生命の共通祖先からまず細菌、古細菌、真核生物の3つのドメインが分岐した。真核生物の中から、やがて細胞が集合してできる複雑な構造をもった多細胞生物が生じた。多細胞生物では、細胞の分業化が生じ、生殖細胞はゲノム情報継承の役割を担い、体細胞は体を維持し生殖細胞の働きを助ける役割を担うようになった。このような生物では、生殖細胞は世代を超えて生き続けるが、体細胞から成る「個体」は1世代限りで死んでいく。このようなシステムは、大腸菌の「不死」のシステム（分裂を繰り返してクローンを作り続ける）とは明らかに異なっており、生物「個体」の死は、進化の過程で、多細胞化と生殖というシステムの形成にともなって生じたと考えることができる。

2.4　生物の寿命と死なない生物

　大腸菌のような細菌のほかにも「死なない」生物はいる[8]。たとえば、ヒドラは体の一部から突起が生じ、これが成長して、新しい個体を作ることができる。ヒドラは数世紀に渡って生き続け、その間、死亡率は変化せず繁殖力も低下しない（老化しないし、寿命死もない）[註7]。プラナリアは、「切っても切ってもプラナリア」といわれているように、体を細かく切り刻まれても、それぞれの断片から新しい個体が作り出される[9]。ベニクラゲは、成熟体から幼生であるポリプに戻って、ここからまた新

たな成熟個体ができる。植物も、挿し木でみられるように、体の一部から個体を再生することができる。つまり、これらの「死なない」生物では、体の一部から親と同じゲノムをもつ子どもの個体（クローン）を作ることができるのである。これらの生物は、全身に再生能力の高い（いわば受精卵のような）多能性細胞があって、そこから新たな個体を作り出すことができる。ヒトでは生殖系列の細胞だけが生き続け、個体は死ぬ運命にあるのに対して、これらの生物では、体細胞があたかも生殖系列の細胞であるかのようにふるまい、そこから個体を作り出すことができるのである[註8]。

　さらに興味深いことに、哺乳類にも「死なない」生物がいる。ハダカデバネズミは名前のとおり体毛が少なく出っ歯のげっ歯類だが、加齢に伴う死亡率の上昇がほとんど認められない[註7]。地中に穴を掘り、シロアリのような社会性昆虫に似た集団生活を送っている[10]。集団には1匹の女王（繁殖メス）がいて、この女王が巣穴のすべての子を産み、あとの非繁殖個体は、食料集め、穴掘り、子育てなどを分業している。マウスの寿命が2～3年であるのに比べて、ハダカデバネズミの寿命はおよそ30年である。寿命が長く、老化せず、がんにもなりにくいという驚くべき性質は研究者の興味を引くところとなっている。寿命が長い理由については、体温が低く、エネルギー消費が少ないことなどがあげられているが、まだよくわかっていない。

　このように「死なない」生物がいるということは、生物にとって老化と死は必然ではないことを意味しており、これらの生物から学ぶことで老化と寿命のしくみを理解し、それらを克服する手立てを探ろうとする試みがなされている。

第三節　細胞の老化と死

3.1　細胞の老化と寿命

　ヒト個体は必ず死ぬが、個体を構成する細胞には老化や寿命はあるのだろうか。かつては、適切な条件で培養すれば、個体から取り出した細

胞は、大腸菌のように無制限に分裂、増殖を続けることができると信じられていた。しかし、レオナルド・ヘイフリック（Leonard Hayflick）はこの既成概念をくつがえし、動物細胞の分裂回数には限界があることを証明した（これを「ヘイフリック限界」とよぶ）。ヒトの体細胞では50回くらいしか分裂できないといわれている。動物細胞では直鎖状の染色体の末端にテロメアという繰り返し配列が存在し、染色体を安定に保っているが、この配列は細胞が分裂するたびに短かくなる。そして、分裂回数が増えると、染色体は不安定になって細胞は分裂を停止し、やがては死に至る。つまり、ヒト個体を構成している細胞には固有の寿命があるということになる。（大腸菌のような細菌は環状のゲノムをもつので、テロメア構造はなく無制限に分裂できる。）

　一方で、私たちの体の中には、分裂してもテロメアが短くならず、無制限に分裂を繰り返すことのできる不死の細胞がいる。それは、生殖系列の細胞とがん細胞である。これらの細胞では、テロメアを修復するテロメラーゼという酵素が発現していて、分裂を繰り返してもテロメアの長さが維持されるのである。1951年にある女性の子宮頸がんから取り出されたがん細胞（女性の頭文字をとってHeLa細胞とよばれる）は今も世界中の研究室で増え続けている。

　分裂を繰り返したのち分裂を停止した細胞のことを老化細胞とよぶ。分裂を繰り返した細胞ではDNAの変異や損傷が蓄積し、がん化する可能性が高まるが、細胞の老化は分裂を停止することによってがん化を防ぐ働きがあるのではないかと以前は考えられていた。しかし、最近の研究では、老化細胞は周辺にさまざまなサイトカインを放出し、炎症反応やがん化を引き起こすなど、個体の老化や加齢性疾患の発症を促進していると考えられるようになった。また、細胞の老化や死は、さまざまな組織の変性を引き起こす。こうして、現在では、細胞の老化は個体の老化を促進すると考えられており、個体の老化を防ぐために老化細胞をいかにして取り除くかということに研究の焦点があてられている[11]。

3.2　細胞死（アポトーシス）とその起源

　上述のように、細胞にも老化や寿命が存在し、個体の老化や寿命に悪影響を与えることがわかってきた。一方で、細胞の死は個体の発生や生存に役立っていることも知られている。多細胞生物では、多様に分化した細胞が協調的に働くことによって生物個体は成長し、生きている状態を維持している。個体の成長や維持のため、不要になった細胞は計画的・自発的に死ぬ。このような細胞死は programmed cell death あるいはアポトーシスとよばれている。たとえば、手足の指の発生の過程で、肢芽とよばれる細胞のかたまりから指と指の間の細胞がアポトーシスによって除かれることで指が形作られることや、オタマジャクシがカエルになる時に尾の細胞がアポトーシスによって除かれることはよく知られている。また、DNA が損傷したり、染色体が不安定になった時にも、細胞はアポトーシスを引き起こし、このような細胞が生き残って個体に悪影響を及ぼすのを防いでいる。がん細胞はアポトーシスを回避するしくみをもっているので、DNA に傷がついても生き残り、増殖し続けることができるのである。アポトーシスは計画的な細胞の自死であり、DNA やタンパク質を断片化し、細胞表面には 'eat me' シグナルを出してマクロファージによる貪食を促す。

　このようにアポトーシスは多細胞生物の生存や恒常性維持にとって重要な役割を果たしているが、単細胞生物にもアポトーシスのしくみはあるのだろうか。最近になって、アポトーシスの実行部隊として働くカスパーゼというタンパク質分解酵素と類似した酵素（メタカスパーゼとよばれている）が、酵母やシアノバクテリアにも存在することが知られてきた [12]。単細胞生物における自死の意義についてはまだよくわかっていないが、アポトーシスの起源はかなり古いといえるだろう。

　これまでみてきたように、細胞の老化や死はがんや変性疾患を引き起こすが、細胞の不死化もまたがん化をもたらす。したがって、個体の生存のためには、細胞の老化や死が適切にコントロールされていることが不可欠なのである。

第四節　生物はなぜ老化するのか

　生物はなぜ老化するのか？老化の原因については、これまでさまざまな説が提唱されてきた[13, 14]。古くにはすべてのモノが時間がたてば壊れていくように、老化もまた細胞や組織の消耗によって起こるという説（wear and tear 説）が唱えられたが、具体性に乏しく、十分な説明になっていなかった。その後、DNA の複製エラー蓄積説、タンパク質の架橋結合説、ホルモン低下説、代謝産物の蓄積説など多くの説が唱えられたが、なかでも注目されたのは酸化ストレス説である。この説では、ミトコンドリアがエネルギーを生産する過程で副産物として生じる活性酸素が DNA やタンパク質に傷をつけ、その結果、ミトコンドリアや細胞の機能が低下し、老化が進行する、という説である。この説は、一時、老化の原因の本命と考えられ、今も抗酸化ビタミンはサプリメントとして売られている。しかし、この説に反する結果も多く報告されており、抗酸化剤の大量摂取は、がんなど加齢性疾患の進行にむしろ悪影響を及ぼすという結果も報告されている[註9][15]。

　ともかく、これらの説は、いずれも老化が生じるメカニズムを説明するものではあっても、なぜ老化するのか、その理由の説明にはなっていない。生物は進化の過程で生存や繁殖に有利な形質を自然選択により獲得してきたのだとすれば、老化や死のように一見不利益なものがなぜ選択されてきたのだろうか。進化の過程で、老化しない生物、死なない生物がなぜ繁栄しなかったのだろうか。テオドシウス・ドブジャンスキー（Theodosius Dobzhansky）のことばとして知られているように、「どんな生物現象も進化の光をあてなければ意味をもたない」のであるから、老化と死がなぜ進化したのか、老化の進化学説について、つぎにみていきたい。

4.1　老化と死は種の存続のためか

　生物はなぜ老化するのか？生物にはなぜ寿命があるのか？ 19 世紀末、生殖細胞と体細胞の役割の違いを最初に明確に示したことで知られるア

ウグスト・ヴァイスマン（August Weismann）は、老化や死は種の存続に有利であるからと考えた。生殖できない年老いた個体は、生殖できる若い個体に道を譲る方が、限られた資源を有効活用できるのだから、加齢に伴う老化や死は種の利益になると考えた。一見すると正しそうにも聞こえるが、この説は「加齢は老化（機能低下）を引き起こす」ということを前提にして、加齢が老化（機能低下）をもたらす原因を説明しようとする循環論法になっており、老化が生じる説明になっていない。また、多くの進化学者は「自然選択は個体あるいは遺伝子のレベルで起こるのであって、種や集団のレベルでは起こらない」と考えており、このような集団レベルでの選択の考え方について否定的である（ヴァイスマンも、その後、自らの説を否定した）。ここで問うべき質問は、進化の過程で、老化や死を引き起こす遺伝子がなぜ排除されなかったのか、老化や死を免れる遺伝子がなぜ選択されなかったのか、ということである。ここでは、現在考えられている3つの有力な「老化の進化学説」を紹介する[13, 16]。

4.2　有害変異蓄積説

　この説は、名前から想像されるような「ある生物個体に有害な遺伝子変異が徐々に蓄積することによってその個体が老化する」という個体レベルでの老化のしくみを説明する理論ではない。「生物の老化は、長い世代にわたって有害な遺伝子変異が蓄積した結果として生じた」とする老化の「進化」理論である。

　チャールズ・ダーウィン（Charles Darwin）とその後継者たちによる自然選択説によれば、生物個体の生存と繁殖に有利に働く遺伝子をもつ個体は子をたくさん作り、その遺伝子は集団に広まるのに対して、生存と繁殖に不利に働く「有害」遺伝子をもつ個体は子をたくさん作れず、その遺伝子は集団に広がらない。つまり、進化の過程で、個体の生存や繁殖に有利な遺伝子は選択され、不利な遺伝子は排除される。しかし、これは繁殖期までに働く遺伝子についてのことであって、繁殖期を過ぎて

から働く遺伝子にはあてはまらない。繁殖期の後に発現する遺伝子は、たとえ有害であっても（多くの変異は有害である）、このような遺伝子をもつ個体はすでに子を残しているので、この遺伝子が自然選択で排除されることはない。ピーター・メダワー（Peter Medawar）はこのことを「自然選択の力は加齢とともに弱まる」と表現した。

　生物は、たとえ寿命による死がないとしても、自然状態では捕食や飢餓や感染症などの外的な要因で死ぬ可能性があり、この確率は年齢とともに増加する。したがって、若いうちに子を残す（繁殖期の早い）個体の方が、年をとってから子を残す（繁殖期の遅い）個体よりも子孫を残す確率が高く、前者のもつ遺伝子は集団に広がる可能性が高い。メダワーの説にしたがえば、自然選択の力は加齢とともに弱まるので、繁殖期の早い個体において繁殖期以後に発現する有害遺伝子は排除されず蓄積していく可能性が高く、その結果、加齢に伴って、繁殖力は低下し、老化が進行し、短命となる。一方で、繁殖期の遅い個体では、繁殖期の早い個体と同じ年齢で発現する有害遺伝子は自然選択によって排除されることとなり、有害遺伝子は蓄積しにくくなり、長命となる。こうして、繁殖期が早いと短命になり、繁殖期が遅いと長命になる。繁殖期が遅い個体は長命ではあるが、集団内には広がらない。このことは、長命な個体は排除される、つまり寿命には上限が生じることを意味している。

　実際に、ショウジョウバエを用いた実験では、早い時期に繁殖したハエの子だけを選別して、同じことを繰り返すと、世代を重ねるたびに寿命が短くなる。また、遅い時期に繁殖したハエの子だけを選別して、同じことを繰り返すと、寿命が長くなる。この結果は、遺伝子変異蓄積説を裏付ける一つの証拠を与えていると考えられる。日本人は昨今は晩婚化の傾向があるが、これがさらに進むとどうなるのか、興味ある問題である。

4.3　拮抗的多面発現説
　多面発現とは1つの遺伝子が複数の機能をもつことを意味している。

（A）拮抗的多面発現説　　　　　　　　　　（B）「使い捨ての体」説

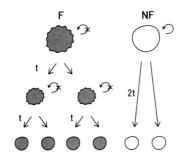 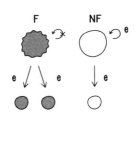

図3　老化の進化学説 [16]

(A)拮抗的多面発現説。個体F（Fitter）は成熟、繁殖は早いが、修復・維持機能が低く、寿命は短い。個体NF（Non-fitter）は成熟、繁殖は遅いが、修復・維持機能が高く、寿命は長い。FはNFよりも多くの子孫を残すので、Fの早熟で短命な遺伝子が選択され、NFの長寿遺伝子はいずれは集団から排除される。

(B)「使い捨ての体」説。エネルギー資源を成長・繁殖に使うか、体の維持・修復に使うかはトレード・オフの関係にあるとする。個体F（Fitter）はエネルギーの多くを成長・繁殖に使う。個体NF（Non-fitter）はエネルギーの多くを体の維持・修復に使う。エネルギー資源が限られているとすると、FはNFよりも子を多く残し、集団内で選択されるが、体の維持・修復は不十分で、老化を引き起こす遺伝子が受け継がれる。tは時間、eはエネルギーを表す。

　ジョージ・ウィリアムズ（George C. Williams）は、若い時には成長や繁殖に有利な働きをもつが、高齢の時には不利益をもたらす（拮抗的な作用をもつ）遺伝子があると仮定した。このような遺伝子は、個体の成長や繁殖には有利なので、たとえ繁殖期以後の生存には不利であっても、自然選択で排除されずに集団に広がり、その結果、これらの遺伝子の働きによって老化や死が引き起こされることになる。たとえば、成長や繁殖に有利な遺伝子を持つ個体F（Fitter）は早く成熟、繁殖するが、同じ遺伝子が個体を修復・維持する機能を低下させるとすると寿命は短くなる（図3A）[16]。一方、その遺伝子をもたない個体NF（Non-fitter）は繁殖には不利だが、個体を修復・維持する機能は高いため長寿となる。これらが共存した時、FはNFよりも寿命は短いが多くの子孫を残すことになり、結果的にはFのもつ早熟で短命な遺伝子が集団内で選択され、NFのもつ寿命を長くする遺伝子は集団から排除されることになる。

4.4 「使い捨ての体」説

　生物個体にとっては、成長・繁殖しゲノムを子孫に残すことが重要であると同時に、体を維持・修復し自己の生存を保つことも必要である。トム・カークウッド（Thomas Kirkwood）は、生物個体の使うことのできるエネルギー資源は限られていると仮定して、「成長・繁殖」と「維持・修復」はトレード・オフの関係にあると考えた[17]。エネルギー資源の多くを成長・繁殖に使う個体 F（Fitter）の方が、エネルギー資源の多くを体の維持・修復に使う個体 NF（Non-fitter）よりも、子どもを多く残し、集団内では選択されやすくなるが、このような個体は体の維持・修復機能が充分でないため、老化が進行し、短命に終わることになる（図3B）[16]。

4.5 ヒトが繁殖期以後も長生きする理由：おばあちゃん仮説

　サケが産卵後すぐに死ぬように、多くの生物は繁殖活動が終わるとまもなく死ぬ。しかし、ヒトは繁殖期が過ぎても長生きする。これについては「おばあちゃん仮説」という説が提案されている。ヒトは生まれてから独り立ちするまでに時間がかかり、この間、母親の負担は大きい。おばあちゃんが長生きして孫の世話してくれれば、母親の負担は軽減され、多くの孫を産み、その孫は無事に成長して、さらに子孫を残す確率が高くなる。つまり、長生きのおばあちゃんは、娘を産んですぐに亡くなる人に比べて、子孫が多くなり、自分の遺伝子が継承される確率が高くなり、「繁殖後も長生きする遺伝子」は集団内に広がるという説である。たとえば、ヒトには他の霊長類にはない変異型の *CD33* や *APOE* の対立遺伝子があり、これらの変異遺伝子はアルツハイマー病のリスクを軽減することが知られている[18]。これらの繁殖後の長生きに寄与すると考えられる遺伝子がヒトにだけ存在することは、おばあちゃん仮説を支持する例と考えられる。繁殖期以後も長生きするゾウについては、おばあちゃん仮説を支持するデータが報告されている[19]。一方、線虫も繁殖期以後も長生きするので（線虫は孫の世話をしないので）、この説だけで繁殖期以後の長生きを説明することはできない。

4.5　老化の進化理論のまとめ

　ヒトはなぜ老化するのか、なぜ寿命があるのかについて、いくつかの進化理論を紹介した。これらの説は相互排他的ではなく、重なっている部分も多い。たとえば、後述するインスリン/IGF シグナル関連分子（AGE-1 や DAF-2）や mTOR などの分子は老化を促進し寿命を短くする作用があるが、これらの分子は若い時には成長・繁殖を促進するが、高齢期には生存に不利に働くと考えると、拮抗的多面発現説の例として説明することができる。一方、これらの分子はエネルギー資源の使い方を「修復・維持」から「成長・繁殖」にシフトさせる分子だと考えると、「使い捨ての体」説の例として説明することもできる。

　また、これらの説に当てはまらない生物の事例も知られている。上記の説によれば、ヒトがそうであるように、生物は加齢とともに繁殖率は低下し、老化が進行し、死亡率は増加すると予測されるが、生物界を広く見渡すと、加齢による死亡率と繁殖率の変化は生物によってさまざまであることがわかる[8]。たとえば、上述のヒドラのように、アワビ・ヤドカリ・アカアシガエルなどの動物や、ハマアカザなどの植物では、加齢に伴って死亡率と繁殖率はほとんど変化しない[注7]。また、アカサンゴ・サバクゴファーガメなどの動物やカシ・マングローブなどの植物では、逆に、加齢に伴って死亡率は減少し、繁殖率は増加する（樹木は加齢とともに巨木化し、環境変化に耐える力が強くなって死ににくくなり、実もたくさんつけるようになる）。

　したがって、上にあげた進化仮説はいずれもヒトを含む多くの生物の老化や寿命の進化を説明できる有力な仮説ではあるが、例外の生物もおり、すべての生物の老化と寿命を説明できる理論にはなっていない。これらを統一的に説明できる新たな進化理論が必要とされている。

第五節　生物の寿命は何で決まるか：寿命の遺伝学

　多くの生物は年を重ねるともに老化し、やがて死を迎える。これは自然の摂理であり、不老不死の研究などはマッドサイエンティストのやる

ことだと考える人もいるかもしれない。しかし、最近では、モデル生物を使った実験から老化や寿命に関わる遺伝子が次々に見つかっており、不老不死は無理だとしても老化を遅らせたり寿命を延ばしたりすることは不可能ではないと考えて、この問題に真剣に取り組んでいる研究者が増えている。そのきっかけとなったのは、線虫の寿命を延ばす長寿遺伝子の発見であった[20, 21]。

5.1 最初の寿命遺伝子 age-1

C. elegans というエレガントな学名を持つ線虫は、体長わずか1ミリ程度の回虫の仲間の生き物で、地中で細菌や粘菌を食べて暮らしている。その成虫はおよそ1000個の細胞からできていて、すべての細胞の系譜（1個の受精卵から成虫を構成するすべての細胞ができるまでの道筋）が明らかにされている。線虫はショウジョウバエとともに、生物の発生や行動のしくみを理解するのに大きく貢献してきた代表的なモデル生物の一つである。これらのモデル生物は、「生物の寿命は何で決まるか」という問いに対しても大きな突破口を開いたのである。

1988年、トム・ジョンソン（Thomas E. Johnson）らは、線虫のゲノムにランダムに変異を導入し、多くの変異体の中からふつうの線虫より長生きする線虫（長寿変異体）を選別することにはじめて成功した[22]。線虫の平均寿命はふつうは20日であるのに対して、*age-1* とよばれる変異体では35日に延びていた。最長寿命もふつうの線虫の32日に対して、58日に延びていた。1996年に、変異している遺伝子が同定され、PI3キナーゼという酵素をコードする遺伝子であることが明らかにされた。こうして最初の長寿遺伝子が発見された。その後、同様の解析によって、*daf-2*、*daf-16* など多くの寿命遺伝子が線虫で明らかにされた。

5.2 インスリン/IGFシグナル経路と寿命

age-1 や *daf-2* 遺伝子の変異によって線虫が長生きしたということは、これらの遺伝子がコードするタンパク質（AGE-1、DAF-2）は、正常な線

虫では寿命を短くする働きをもつことを意味している。どのようにして
AGE-1 や DAF-2 は線虫の寿命をコントロールしているのであろうか。実
は、線虫の AGE-1 と DAF-2 に似たタンパク質はマウスやヒトにも存在し
ており、AGE-1 は細胞膜成分であるイノシトールリン脂質をリン酸化す
る酵素 PI3 キナーゼと類似し、DAF-2 はインスリンやインスリン様成長
因子（IGF）の受容体と類似している。しかも、PI3 キナーゼはインスリ
ン/IGF 受容体の下流で活性化されることもすでに知られていた。インス
リンと IGF は糖の取り込みや糖と脂質の代謝を促進し、細胞の成長を促
すタンパク質である。したがって、インスリンや IGF などの成長因子に
よって引き起こされる成長を促進する細胞内のシグナル経路は線虫の寿
命を負に調節していると考えられる（図 4 A）。

　age-1 や daf-2 の変異が線虫の寿命を延ばすことがわかったので、次
に、ショウジョウバエやマウスにおける PI3 キナーゼやインスリン/IGF
受容体の働きが調べられた。その結果、これらの遺伝子の発現を弱める
と、ハエやマウスの寿命が長くなった。こうして、線虫からハエ、マウ
スまで広い生物種において、寿命を調節する共通のしくみが働いている
ことが明らかになった。

　もう一つの寿命遺伝子 daf-16 は、マウスやヒトの FOXO とよばれる転
写調節因子と類似性が高く、ストレス応答やエネルギー代謝などさまざ
まな遺伝子の発現を調節することが知られている。線虫では daf-16 の変
異は daf-2 の変異による長寿化を打ち消すことから、正常な線虫では
DAF-16 は寿命を延ばす働きがあると考えられる。栄養が豊富な時には、
インスリン/IGF が分泌され、DAF-2 や AGE-1 の下流で DAF-16 の機能
は抑えられる（図 4 A）。一方、栄養不足の時には、インスリン/IGF の分
泌が低下し、DAF-2 や AGE-1 の活性も低下して、DAF-16 は活性化さ
れ、その結果、ストレス応答や代謝にかかわる遺伝子の発現が誘導さ
れ、老化の遅延と長寿化が引き起こされるのではないかと考えられる。
age-1 や daf-2 の変異はインスリン/IGF シグナル経路を遮断することに
よって、栄養不足（カロリー制限）と同様の効果をもたらし、DAF-16 の

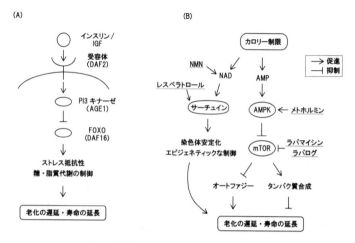

図4　寿命遺伝子と老化・寿命を制御するしくみ

(A)インスリン/IGFシグナル経路。インスリン/IGFは、受容体、PI3キナーゼの活性化を介して転写制御因子FOXOの活性を抑制する。*daf-2*や*age-1*遺伝子が変異すると、FOXOが活性化され、老化が遅延し、寿命が長くなる。

(B)カロリー制限による老化の遅延と寿命の延長。カロリー制限はサーチュインとAMPKを活性化する。サーチュインはエピジェネティックな制御によって老化の遅延と長寿化を促す。AMPKはmTORの阻害を介して老化の遅延と長寿化を促す。下線は老化の遅延と長寿化の効果が期待されている化合物を示す。

活性化を介して、寿命が長くなったのではないかと推測される。

5.3　カロリー制限と長寿遺伝子 Sir2

　腹八分目ということばで示されるように、食事を少なめにとると健康で長生きできるといわれている。カロリー制限がネズミの寿命を延ばすことは1930年代にすでに報告されていたが、そのしくみは長年わからなった。1999年に酵母の長寿遺伝子 Sir2 が発見され、カロリー制限が寿命を延ばすしくみが明らかにされつつある。そして、カロリー制限をしなくても、カロリー制限と同様の効果をもつ抗老化薬、長寿薬の開発が進められている。

　パンやビールの発酵に使われる出芽酵母は、単細胞の真核生物である。出芽酵母は母細胞から出芽して娘細胞が生まれるが、娘細胞が切り離された後の母細胞には出芽痕という痕跡が残る。出芽痕の数を数えて

母細胞の分裂回数を調べると、酵母の分裂回数には限界があり、しかも、分裂回数が増えると死亡率も指数関数的に増えることがわかった。このことは、「（ヒトの）死亡率は年齢の増加に伴って指数関数的に増加する」というベンジャミン・ゴンペルツ（Benjamin Gompertz）の法則と合っており、酵母にもヒトと同様の老化や寿命死のしくみがあることが示唆された。レニー・ガランテ（Leonard P. Guarente）らは、酵母を用いて寿命に関わる遺伝子を探索し、*Sir2*（silent information regulator）とよばれる遺伝子が欠損すると酵母の寿命がほぼ半分に減少し、過剰発現すると寿命がほぼ 30% 延びることを発見した。このことは *Sir2* は酵母の寿命を延ばす長寿遺伝子であることを示している[23, 24]。

　発見当初から Sir2 は遺伝子の発現を調節することが知られていたが、その後、Sir2 は NAD（ニコチンアミドアデニンジヌクレオチド）によって活性化されるヒストン脱アセチル化酵素であることが示された（発見に至る興味深い物語については、発見者による最近の著作を参照されたい[25]）。染色体上では DNA はヒストンというタンパク質に巻きついて、何重にも折り畳まれた構造をとっている。ヒストンがアセチル化されると、染色体の折り畳み構造がゆるみ、遺伝子が発現できるようになる。一方、Sir2 の酵素活性によってヒストンのアセチル基がはずされると、染色体はしっかりと折り畳まれ、その領域にある遺伝子は発現できなくなる。このように、染色体の折り畳み構造の変化によって遺伝子の発現が調節され、その結果として細胞の形質が変化することをエピジェネティックな制御とよぶ。（これに対して DNA の塩基配列の変異によって細胞の形質が変化することをジェネティックな制御とよぶ。）Sir2 はエピジェネティックな制御によって遺伝子の発現パターンを変化させ、その結果として酵母の長寿化に寄与していると考えられる。

5.4　サーチュインとレスベラトロール、NMN

　Sir2 に似た遺伝子は、線虫・ハエ・マウス・ヒトにも存在しており、サーチュインあるいは SIRT とよばれている。サーチュイン遺伝子を過剰

に発現させると線虫、ハエ、マウスの寿命が延びることが示され、サーチュインは多くの生物に共通の長寿化遺伝子であることが明らかにされた。ヒトでの効果が気になるところだが、このような遺伝子導入実験はもちろん行われていない。しかし、それにかわる手段として、サーチュインを活性化する物質の探索が進められた。レスベラトロールはこのようにして見つけられたサーチュイン活性化物質である[23]。レスベラトロールは赤ワインに含まれるポリフェノールの一種で、マウスに与えるとカロリー制限と同様に、老化を予防し、高脂肪食による寿命の短縮を抑える効果があることも示された。この結果は広くメディアにも取り上げられ、赤ワインの売上も伸びたようだ。しかし、マウスの実験に用いられたのと同じ量のレスベラトロールを人間が摂取するには、赤ワインを毎日 1000 杯くらい飲まないといけないとのことである（この話を聞いて酒飲みはさらに喜んだ、という笑い話がある）。最近さらに注目されているのがサーチュインの活性化物質 NAD の体内での代謝前駆体である NMN（ニコチンアミドモノヌクレオチド）である。マウスを用いた実験では、NMN は老化を遅らせることが示されており、今後、ヒトに対しても抗老化作用があるのか、くわしい検証がなされていくものと思われる。

　サーチュインはカロリー制限とどのように関係するのだろうか。NAD は糖や脂質を代謝してエネルギー源である ATP（アデノシン三リン酸）を合成する時に必要な補酵素の一つである。栄養が豊富な時には、栄養源である糖や脂質の代謝と ATP 合成が盛んになり、細胞内の NAD 量は減少する。NAD の減少はサーチュイン活性の低下を引き起こし、サーチュインによるエピジェネティックな遺伝子発現の抑制機能が解除される。その結果、たとえばリボソーム RNA の発現が活発になりタンパク質合成が盛んになり、細胞の増殖能が高まり、個体の成長は促進される。逆に、カロリー制限によって栄養不足の時には、細胞内の NAD 量は増加し、サーチュインの活性が上昇する。その結果、染色体は安定化され、タンパク質合成も低下し、細胞の増殖能も低下し、個体の成長は抑制される。一方で、細胞の修復、維持機能は高まる。先に「使い捨ての体」

説で述べたように、このような「成長」から「修復・維持」への遺伝子発現パターンの変化は、老化の進行を遅らせ、寿命を延ばすのではないかと考えられる。

5.5　カロリー制限と mTOR 経路

　酵母の寿命を変化させる変異体のさらなる探索によって、*tor* という遺伝子が変異すると酵母の寿命が延びることがわかった。酵母の *tor* 遺伝子に似た遺伝子はマウスやヒトにも存在しており、そのコードするタンパク質は mTOR（mammalian target of rapamycin）とよばれている。mTOR は、名前のとおり哺乳類のラパマイシン標的タンパク質であり、栄養シグナルを感知して、タンパク質合成や代謝を促進するタンパク質リン酸化酵素である。ラパマイシンは、イースター島の土壌細菌から単離された低分子化合物で、免疫細胞やがん細胞の増殖を抑制する作用があり、免疫抑制剤や抗がん剤として使用されてきた。*tor* 遺伝子の変異によって酵母の寿命が延びたという結果を受けて、mTOR の阻害薬であるラパマイシンのマウスの寿命に対する効果が調べられた。その結果、ラパマイシンはマウスの最長寿命をおよそ 12% 延ばすことが示された。また、がん・糖尿病・骨粗鬆症・神経変性疾患など加齢に伴う疾患の発症や進行を遅らせるという結果も報告されている [26]。こうして、ヒトの老化防止、寿命延長に対するラパマイシンの効果が期待されたが、この薬剤には免疫抑制などの副作用があるため、現在は副作用の少ないラパマイシン類似化合物（ラパログ）の開発研究が進められている（図4B）。mTOR はまたオートファジーを抑制する機能がある。オートファジーは大隅良典博士がノーベル賞を受賞したことで有名だが、栄養飢餓時に細胞内のタンパク質を分解して飢餓をしのいだり、異常なタンパク質やミトコンドリアを分解して細胞の恒常性を保つという役割を担っている。オートファジーを活性化することによって、異常なタンパク質の集積を防ぎ、老化を防止しようとする試みも始められている [27]。

　さらに、糖尿病の治療薬として使われているメトホルミンにも、がん・

心疾患・アルツハイマー病などの加齢性疾患の発症を遅らせる抗老化作用があることがマウスの実験で示されている[28]。メトホルミンはミトコンドリアの機能を阻害することで細胞内の AMP（アデノシン一リン酸）の量を増加させ、AMP によって活性化される AMPK というキナーゼを活性化する。カロリー制限によっても細胞内の AMP 量は増加し、AMPK が活性化される。AMPK は mTOR の活性を抑制するとともに、転写調節因子である FOXO を活性化する働きをもっているので、AMPK はこれら2つの経路によって老化防止と寿命延長に寄与していると考えられる。AMPK の活性化剤であるメトホルミンは、すでに糖尿病治療薬として認可されていることから、抗老化薬・長寿薬の候補として期待されている（図4B）。

第六節　ヒトの寿命は延ばせるか

　老化を防ぎ、寿命を延ばすことは人類の長年の夢であった。過去には、若返りのため、イヌやヤギの睾丸の抽出物を注射したり、若者の血液と交換したり、無謀ともいえる方法が試みられたこともあった。近年は、モデル生物の遺伝学的解析など、より科学的な手法で老化と寿命のしくみが明らかにされつつあり、それらの知見に基づいた抗老化薬の開発が進められている[28]。不老長寿は今世紀中にも達成できるという老化研究者もいる一方で、平均寿命の延びはほぼ飽和に達しており、最長寿命を延ばすのは困難であると考える研究者もいる。ここでは、いくつかの否定的な見方も紹介して、ヒトの寿命は延ばせるのか、その可能性について考えてみたい。

6.1　長寿遺伝子をもつ個体は排除される

　前節で述べたように、*age-1* 遺伝子の変異によって線虫の寿命は長くなる。しかし、*age-1* に変異をもつ長寿の線虫を自然環境と同じような（栄養の豊富でない）環境下で、普通の寿命をもつ線虫と一緒に飼育すると、寿命の長い *age-1* 変異体は集団内で減少し、最終的には消滅する[29]。

これは、*age-1* 変異体は普通の線虫に比べて若い時期の繁殖数（卵の数）が少なく、結果的にこの変異を持つ個体が生涯に残せる子どもの数が少なくなるからである。「使い捨ての体」説によれば、使えるエネルギー資源が限られている場合には、体の修復・維持にエネルギーを多く使う（*age-1* 変異体のような）長寿個体は、成長・繁殖力が野生型のものより弱く、野生型に比べて繁殖数が少なくなる。この例のように、寿命を長くする遺伝子は確かに存在し、ゲノム編集などの操作によって長寿化することは原理的には可能と思われるが、このような遺伝子は集団内で定着できず、進化の過程でしだいに排除されていくのではないかと考えられる。つまり、寿命の長さには上限があることを意味しているのかもしれない。

6.2　医学の進歩は不利益な遺伝子変異を蓄積する？

　ヒトの平均寿命は年々長くなっており、これは医学の進歩によるところが大きい。しかし、逆説的なことだが、医学の進歩によって寿命の延長に制限がかかる可能性が指摘されている。つまり、自然状態では自然選択によって排除される可能性の高い不利益を及ぼすような遺伝子変異が、医学の進歩によって排除されず（選択に対して中立となり）、しだいにゲノム内に蓄積し、その結果、寿命の延長を制限してしまう可能性である[30]。たとえば、がんや糖尿病や心疾患やアルツハイマー病の発症にかかわるような遺伝子変異が、医学の進歩によって排除されず、しだいにヒトゲノム内に蓄積し、集団内に固定化するようになり、これらの疾患が発症しやすくなり寿命を短くしてしまうという可能性である。将来、これらの遺伝子変異をゲノム編集技術によって改変し治療することができるようになったとしても、体細胞のゲノムに対する改変では次の世代に改変は伝わらず、集団内に蓄積した変異を減らすことはできない。たとえ生殖系列の細胞のゲノムを改変したとしても（これには大きな倫理的問題がある）、老化や寿命にかかわる多くの遺伝子を人為的にすべて改変することは困難であり、たとえこのような技術を使ったとして

も超長寿化を達成することには限界があるのではないかと思われる。

6.3　ヒトの老化は防げるか、寿命は伸ばせるか

　これまでみてきたように、生物の中には「死なない」生物もたくさん
いて、大腸菌のような細菌だけではなく、植物や、ヒドラ・ベニクラゲか
らハダカデバネズミまで多くの動物が、年をとっても老化せず、死亡率
が上昇せず、繁殖率も低下しないことが示されている。また、モデル生
物を使った実験では、遺伝子の変異や薬剤の投与によって寿命が延びた
例も多く報告されている。このような結果は、生物の老化や寿命は定め
られたものではなく、ヒトの老化を防ぎ寿命を延ばすことは決して不可
能ではないことを示唆しているのかもしれない。長寿遺伝子 Sir2 の発見
者の一人であるデビッド・シンクレア（David A. Sinclair）は、「老化は治
療できる病気である。健康で 120 歳まで生きられる」と主張しており、毎
朝、レスベラトロールと NMN とメトホルミンを 1 グラムづつ摂取し、カ
ロリー制限（朝食か昼食を取らない）を実践しているそうである [24]。そ
れらの効果が明らかになるには 40 ～ 50 年後を待たねばならないが、シン
クレアの主張するように、抗老化薬の開発、医療の進歩、再生医療や人
工臓器の開発などによって、平均寿命・健康寿命が延び、百寿者の数も増
え、さらに最長寿命も長くなる未来が訪れるかもしれない。（何世紀かの
ちには、ハダカデバネズミのように地下に住み、低温・低代謝で、70 歳く
らいになって人工授精で子孫を残し、最長寿命 150 歳くらいの新人類が
誕生しているかもしれない。）一方、上述のように、ヒトの寿命には限界
があり、特に最長寿命を延ばすのは難しいのではないかという見方もあ
る。

　かつて「酸化ストレス説」が老化研究の花形だったとき、抗老化薬と
して抗酸化ビタミン剤に期待が集まったが、現在ではその効果は疑問視
されている。カロリー制限は多くの生物で抗老化の効果が示されてい
る。しかし、人間が実際に試そうとすると、相当の覚悟と強い意志が必
要である。そういう意味ではカロリー制限しなくても薬剤で同じような

効果があれば、それに越したことはない。NMN やメトホルミンなど抗老
化薬、長寿薬の候補として現在期待されている化合物については、ヒト
に対してもモデル生物と同様の効果があるのか、副作用はないのか、そ
れらの有効性と安全性についてこれからくわしい検証がなされていくも
のと思われる。これらの薬剤が、一時の期待に終わるのか、あるいは摂
取することが世間の常識となるのか、見極めるにはまだしばらく時間が
かかりそうである。

おわりに

　ヒトの生・老・死について、生物学的な観点からみてきた。ヒトという
生物個体は、1 個の受精卵から始まり、およそ 37 兆個もの細胞からなる
個体として死を迎える。ヒトの個体を構成する細胞はすべて 1 個の受精
卵から生じたもので、その受精卵は原始細胞から 38 億年ものあいだ連綿
と絶え間なく分裂を続けてきた直系の子孫である。ヒトのそれぞれの個
体は世代ごとに死滅しても、ヒトの細胞系譜（あるいはゲノム）は生殖
細胞系列を介して生き続けていくのである。このようにして、多くの生
物は、「死なない」生き方ではなく、「個体は死んでも生殖細胞とゲノム
は生き続ける」という生き方を選択してきたのである。

　　死は生の対極としてではなく、その一部として存在している。
　　　　　　　　　　　　　　　　　（村上春樹『ノルウェイの森』）[31]

　このことばどおり、生命の歴史の長い時間の流れの中で、ヒトの死は
生の一部として存在しているのである。
　人は死期を迎えると、これまでの人生を想う。自分の一生はなんだっ
たのか、自分の一生に意味はあったのか、と。人生でやり残したこと、
成し遂げられなかったことを悔やむこともあるだろう。しかし、終わりの
ない人生ははたして人に幸せと意欲と意味を与えてくれるだろうか。人
はいつかは死ぬとわかっているからこそ、生の充実もあるのではないだ

ろうか。そして、人は生をその一回性ゆえに尊いものとして慈しむことができるのではないだろうか。人は欲深い生物である。これまでも不可能と思われることを可能にしてきた。これからも老化を防いだり、寿命を延ばすことを目指した研究が進められていくことだろう。しかし、ヒドラやプラナリアのように、自らのクローンを作ってまで生き続けることに意味はあるのだろうか。

　最後に、最近読んだ本の中にあったことばを紹介して、この稿を終えることにしたい。死をむやみにおそれないための至言かと思われる。

　　死ぬまで生きていりゃいい。[32]

謝辞
　本稿の執筆にあたって、老化の進化理論について教えていただき、貴重なご意見をいただきました東北大学大学院生命科学研究科の河田雅圭教授に深く感謝いたします。

註
註1)　最長寿記録者は、日本では120歳の泉重千代さん、世界では122歳のフランス人のジャンヌ・カルマン（Jeanne Calment）さんとされてきたが、疑義も生じている。

註2)　1983年に東北大で国内初の体外受精児が生まれてから、国内で体外受精により生まれた子は71万人を超え、2019年には出生児の14人に1人が体外受精で生まれている（読売新聞2021年9月14日の記事）。

註3)　個体の中では細胞は常に入れかわっており、古い細胞は死に、新しい細胞に入れかわっている。このように個々の細胞は入れかわっても個体としての同一性（アイデンティティー）が保たれている、というのも生物の興味深い特徴の一つである。

註4)　リチャード・ドーキンス（Richard Dawkins）は『利己的な遺伝子』[2]の中で、「個体は遺伝子の乗り物にすぎない」と述べ、個体は遺伝子の生存戦略の道具として利用されており、遺伝子の複製効率の高い生物「個体」を作り出す遺伝子が、結果として集団内に広まるという考えを示した。

註5)　例外的に、クローン動物では、徐核した卵子に体細胞の核を導入して、ここか

　　ら子どもができるので、体細胞のゲノム情報が子どもに伝わる。クローンとは
　　同じゲノム情報をもつ個体のことをいう。

註6）　厳密にいうと、分裂を繰り返すだけではなく、細胞同士の共生が真核生物の進
　　　化に大きく貢献したと考えられている。ミトコンドリアは古細菌由来の初期の
　　　嫌気性細胞に好気性細菌が飲み込まれ共生したもの、藻類や植物細胞の葉緑体
　　　は初期の真核細胞に光合成細菌が飲み込まれ共生したものと考えられている。

註7）　これらの生物も事故死（偶発死）では死ぬので、加齢とともに生存率は直線的
　　　に減少するが、ここで問題にしているのは事故死を差し引いたあとの寿命死に
　　　よる死亡率である。

註8）　動物のクローン化技術は、体細胞から同じゲノムをもつ生物個体を作り出す技
　　　術であり、ヒドラやプラナリアに似たことを人為的に行なっていると考えても
　　　よいだろう。また、iPS細胞（人工多能性幹細胞）も、体細胞から人工的に多能
　　　性細胞を作り出したものであり、多様な細胞・組織を作り出すことができること
　　　を利用して再生医療への応用が期待されている。

註9）　適度な酸化ストレスは、細胞のストレス応答能を高め、結果として老化を防ぐ
　　　のではないかと考えられている（このように少量のストレスや有害物質、放射
　　　線が体にかえってよい効果を示す現象をホルミシスという）。大量の抗酸化剤の
　　　摂取は、適度な酸化ストレスによるこのような効果を抑制するのではないかと
　　　考えられる。

参考文献

1）山田風太郎、『人間臨終図巻』Ⅰ〜Ⅲ、徳間文庫、2001.
2）リチャード・ドーキンス、『利己的な遺伝子』、日高敏隆ほか訳、紀伊国屋書店、1991.
3）厚生労働省のホームページ
　https://www.mhlw.go.jp/stf/wp/hakusyo/kousei/19/backdata/01-01-02-01.html
4）厚生労働省のホームページ
　https://www.mhlw.go.jp/toukei/saikin/hw/life/20th/p02.html
5）新村　出編、『広辞苑』第七版、岩波書店、2018.
6）Stewart, E. J., Madden, R., Paul, G., and Taddei, F., Aging and death in an organism that reproduces by morphologically symmetric division. PLoS Biol., 3, e45 (2005)
7）Steiner, U. K., Senescence in bacteria and its underlying mechanisms. Front. Cell Devel. Biol., 9, 668915 (2021).
8）Jones, O. R., et al., Diversity of ageing across the tree of life. Nature, 505, 169-173 (2014).
9）阿形清和、土橋とし子、『切っても切ってもプラナリア』、岩波書店、2009.
10）吉田重人、岡ノ谷一夫、『ハダカデバネズミ－女王、兵隊、ふとん係』、岩波科学ライブラリー、2008.
11）原英二編、細胞老化の真機能、実験医学、37巻11号、（2019）.
12）Lane, N., Origin of death. Nature, 453, 583-585, 2008.
13）ロジャー・F・マクドナルド、『老化生物学　老いと寿命のメカニズム』、近藤祥司

監訳、メディカル・サイエンス・インターナショナル、2015.

14) Lopez-Otin, C., et al., The hallmarks of aging. Cell, 153, 1194-1217 (2013).

15) M. ウェンナー＝モイヤー、「覆る活性酸素悪玉説」、日経サイエンス、2013 年 6 月号、pp. 60-66.

16) Trindade, L. S., et al., A novel classification system for evolutionary aging theories., Front. Genet., 4, 25 (2013).

17) T. カークウッド、「なぜ永遠に生きられないのか」、日経サイエンス、2010 年 12 月号、pp. 62-71.

18) Schwarz, F., et al., Human-specific derived alleles of CD33 and other genes protect against postreproductive cognitive decline. Proc. Natl. Acad. Sci. U.S.A., 113, 74-79 (2016).

19) Lahdenpera, M., Mar, K. U., and Lummaa, V., Nearby grandmother enhances calf survival and reproduction in Asian elephants. Sci. Rep., 6, 27213 (2016).

20) Kenyon, C.J., The genetics of ageing., Nature, 464, 504-512 (2010).

21) 森望、『寿命遺伝子』、講談社ブルーバックス、2021.

22) Friedman, D. B. and Johnson, T. E., A mutation in the age-1 gene in Caenorhabditis elegans lengthens life and reduces hermaphrodite fertility. Genetics, 118, 75-86 (1988).

23) D. A. シンクレア、L. ガランテ、「「長生き遺伝子」の秘密を探る」、日経サイエンス、2006 年 5 月号、pp30-38

24) デビッド・A・シンクレア、マシュー・D・ラブラント、『LIFE SPAN 老いなき世界』、梶山あゆみ訳、東洋経済新報社、2020.

25) 今井眞一郎『開かれたパンドラの箱：老化・寿命研究の最前線』、朝日新聞出版、2021.

26) D. スティップ、「驚異の長寿因子ラパマイシン」、日経サイエンス、2012 年 4 月号、pp.48-57.

27) 吉森保、『LIFE SCIENCE（ライフサイエンス）長生きせざるをえない時代の生命科学講義』、日経 BP 社、2020.

28) Campisi, J., et al., From discoveries in ageing research to therapeutics for healthy ageing. Nature, 571, 183-192 (2019).

29) Walker, D. W., McColl, G., Jenkins, N. L., Harris, J., and Lithgow, G. J., Evolution of lifespan in C. elegans. Nature, 405, 296-297 (2000).

30) 木村資生、『生物進化を考える』、岩波新書、1988.

31) 村上春樹、『ノルウェイの森』、講談社、1987.

32) 津田海太郎、『最後の読書』、新潮文庫、2021.

第三章　育む命

はじめに

　「子どもが授かる」「子どもができた」「子どもを儲ける」「子どもを持つ」「子どもを作る」という表現がある。これらの文言は、妊娠して約280日子宮の中で子どもを育て、出産をし、子どもが生まれてくる全過程のことを意味する。また、「子どもが授かる」「子どもができた」とは、妊娠して間もない時期にその兆候に気づき使用する文言のようにも思える。後者の意味であるならば、既に妊娠の兆候が表れたときから、わが子の存在を意識し、相互交流が始まっているともいえる。しかし、この文言は、自然の営みの賜物であり、受動的でもある。「子どもを作る」あるいは「子どもを儲ける」という文言は、母親になる女性は、生まれながらに子どもを慈しみ育てることができる能力を持っているという「母性本能説」とは対立する意味を持つ文言として筆者は使用してきた。親になるにはそれなりの覚悟が必要であり、準備が必要である。親になる意思決定があるからこそ、子どもを慈しみ育てることができる。「子どもを作る」「子どもを儲ける」とは、積極的営みであり能動的であるというのが私の持論でもある。おなかの我が子を早くから意識し、そして相互交流も早く始まるのではないだろうか。

　本章のテーマを育む命とした。生物学的にいうならば、受精が成立し子宮内に受精卵が着床したときから命の相互の交流が始まると考えることができる。育む命とは、命の相互の交流、母子・父子の相互の交流と位置づけ、多様な場面での親子の育みを考えていきたいと思う。

第一節　我が子との交流は、妊娠の受容から（母）

　女性の妊娠の気づきは無月経（生理が来ない）から始まる。予定の月経日（生理日）になっても、月経がはじまらない。基礎体温をつけている女性たちならば、高温相が続いていることを視覚的に確認するとき、現代では、妊娠検査薬（尿中のヒト絨毛性ゴナドトロピン値の測定）を使って陽性反応が出て妊娠したことに気づく。しかし、これらは、妊娠中の女性そのものの自覚であって、この時点では、胎児を触覚的に、視覚的に認識することはできない。この時期から女性は妊娠中のマイナートラブルの一つである「つわり」を体験することが多いがこれも女性の身体的感覚であり、この身体的感覚によって、妊娠していることの実際とおなかにいるであろう胎児（我が子）の存在を想像することになる。

　産科領域に超音波診断装置が導入されたことが、わが子の存在の認識を少し早めているともいえる。超音波診断装置を使用したエコー写真では、妊娠5週頃には胎嚢と呼ばれる袋の中に薄く種のようなものが見え始め、妊娠7週になると胎児がクリオネのように見え始め胎児の頭部と体幹が区別できるような形になり、心拍が動いているのが確認できる。この時期の我が子の等身大の姿を目の当たりにすると、心臓が拍動している姿に存在としての我が子を知ることができる。「子どもを儲けたい」「子どもを作りたい」という意思表明をした女性たちは、その自覚がそうでない女性たちよりも早いのかもしれない。意図しない妊娠であった場合、妊娠継続に悩む女性がいるのもこの頃であり、エコー写真で見る胎児の実際は、妊娠継続か中断かに一層の迷いを生じさせることになる。妊娠を受容するとはどのようなことであろうか。それは女性たちの身体に起こっていること、おなかの中で育ちつつある我が子を丸ごと受け止めることである。したがって、妊娠継続か否かに迷うときは、おなかの中の命を我が子として受け止めないようにしているのかもしれない。

　妊娠中期、妊娠18週から20週前後で、女性たちは胎動を知覚する。おなかで成長する我が子の活動の様を体感することになる。この胎動こそが、母親となる女性たちに親としての更なる自覚を与えることになる。

榮[1] の研究によると、prenatal Attachment Inventory の日本語版（PAI）、胎児愛着尺度を使って、妊娠初期、中期、末期の女性たちの胎児への愛着を測定してみると、妊娠時期が上がるにつれて、胎児愛着尺度得点は上がっていくことが示されており、さらに中期に胎動があった群となかった群での胎児愛着尺度の得点の比較によると、胎動自覚のある妊婦のPAI得点はそうでない妊婦のPAI得点と比較すると有意に得点が高かった（$p < .001$）ことを示している。胎動自覚が母親の子どもに対する愛着を促していたことを証明していたというものであった。

　かすかな胎動であったものが、末期になってくるとさらにその動きを自覚するようになる。腹壁からその動く様を視覚的に観察できる。我が子がグイっと蹴ってきた感覚があり、その時に「痛い！」と感じるかもしれない。しかし、その様は、ネガティブな感情ではなく、おなかの中で元気に育っていることの証として、将来サッカー選手になる素質があるのではとイメージを膨らませ、また、蹴ってきた場所を優しく撫でながら、「元気ね。そこを蹴られるとママ痛いから優しく。」と我が子をなだめることで、そして蹴った足をそっとひっこめるかのような感覚をもって、わが子との交流が行われている。妊娠24週頃になると、聴覚はほぼ完成するといわれている[2]。どの音まで聞こえるかは研究レベルでわかっているものの、どの程度聞き分けているかは、まだ研究が待たれるところである。妊娠中の我が子への話しかけは、頻度を増してくるともいわれており、そこに何らかの反応があったならば、母となる女性たちはさらに我が子への愛着が増し、我が子との交流も増すことになるであろう。

第二節　父親となる男性の命の育み

　父親となる男性はどのように親になる過程をたどるかの研究が、日本の看護学の中で始まったのは1980年代後半であり、1990年後半にはその研究が加速化している。2010年厚生労働省は、男性の育児休業取得率が低迷だったことから、その促進の目的ためにイクメンプロジェクトを開始している。2019年になり、男性の育児休暇取得率がようやく10.5％と

二桁代に乗った[3]。父親となる男性の子どもとのかかわりは、母親となる女性の子どものかかわりと、量、質からみても異なっている。育児休業取得が上がることで、何がかわるのか、どんなメリットが誰にあるのかまだまだ研究のまたれるところである。

　2003 年筆者は、大学院生と一緒に妻の妊娠期間を通じて、男性たちはどんな体験をしながら父親となっていくのか、わが子とどんな交流をしているのかを妊娠 4 か月から妊娠 10 か月までを縦断的なインタビューを通じて明らかにした[4]。この時の結果を基に述べることとする。妻の妊娠が明らかになって、「うれしい」という感情は湧いてくるものの、「子どもがいる実感がない」「妻が妊娠している実感がない」「父親になる実感がない」というカテゴリーが父親のインタビュー録から導きだされたものであった。「こどもがいる実感がない」は、妊娠検査薬が陽性となり妻の妊娠は確実なものであるが、その事実から子どもの存在を確認することは難しく、自分の身体の中に起こっている現象でないため、子どもの存在確認が不可能であることを意味した。「妻が妊娠している実感がない」は、妊娠の兆候や診断だけでは、妻が妊婦であるとは認識できないでいる。妻のつわり症状が強かった場合、妻の症状を通して、妊娠の事実を確認できると同時に、妻のつらい症状に何もしてあげることができない自分を歯がゆく思っていた。「父親になる実感がない」とは、父となる心構えができていないことを意味した。ここで、「実感」の意味を探ってみると『広辞苑』第 5 版では、実物に接して起こる感じ、また、実際に経験しているかのようないきいきとした感じであるという。さらに多くの初めて父親になった男性たちは、生まれたばかりの我が子を抱っこして、わが子の重さを感じ、抱っこしているこの子こそが我が子であると実感するという。つまり、生れて、抱っこしてみなければ、実感という言葉は出てこないということなのであろうか。しかし、研究に参加して頂いた男性たちは、わが子が妻のおなかにいる存在であることを確認することを行っていた。妊娠初期、妻と一緒に産科外来に付き添う男性たちは、直接、胎嚢を確認し、次の健診日では、わが子の心拍を確認し、そ

して、頭殿長（胎児が超音波診断で、全身が1画面でしっかりわかるのはこの時期まで）を確認し、わが子がここにいると自覚した。一方、多くの男性たちは、妻が産科受診でもらってきた、エコー写真を妻からの説明を基に我が子であるとの確認をした。

　日々の生活の中では、妊娠3-4（妊娠8週〜15週）か月頃の男性は、妻はまだ胎動を感じていないのに、胎動の確認をはじめるという。そして妻のおなかを**触れ**はじめる（我が子に触れるかのように）、そして話かけもはじめる。性別の想像や動きまわる子どもといる生活を想像しはじめる。妊娠5-6（妊娠16週〜23週頃）か月になるとおなかの我が子は順調に育ち、安定期といわれる時期に入ってくる。妻は胎動を感じはじめる。妻が自覚した胎動を自分も感じたいことから、おなかを**さわる**、話かける、わが子を迎える準備をはじめるなどの行動をとる。しかし、おなかをさわって話かけて見ても、まだ、男性の話しかけに胎児からは何の応答も感じることはない。妊娠7-8（妊娠24週〜31週頃）か月になると妻のおなかもだいぶ大きくなり、わが子の成長を妻のおなかの大きさで知ることができる。胎動はこのころになると、手で触っても、目で見てもわかるようになり、妻のおなかをさすりながら、わが子に話しかけをする。男性たちの話しかけにおなかの我が子が反応した場合、男性たちはより一層我が子の存在を意識するようになる。性別の確認ができるのもこのころで、どちらの性別であれ、その性別にそって自分との交流を想像するようになる。妊娠9-10（妊娠32週〜40週）か月になると、おなかをなでながら、生れてくる我が子と対話をはじめる。

　男性たちは、父親となる自分を意識しながら、妻のおなかに触れることからはじまり、さわる、さする、なでるというような我が子との交流がある。超音波診断装置に映し出される我が子に思いをはせ、小さな得体のしれない、でも我が子におっかなびっくりさわっている感覚で、妻のおなかに触れるである。そして、妻が胎動を自覚しはじめるとそこをめがけて自分もさわってみたくなるのが、さわるである。まだまだ小さい我が子が懸命に動き出した感覚で、そこに優しくさわってみたいと思う

気持ちである。さするの感覚は、視覚でも動きが見えてくれると、そこには、わが子が確実に存在する。大きな手のひらで、おなかをいたわるようにさすりはじめ、そして、なでるへとつながっていく。子どもの頭をなでるとは慈しみがそこにあり、妻のおなかを通して、わが子の頭をなでている感覚である。これらの行為をとおして、男性たちは我が子との交流を行っている。ただ、これらの行為は、女性とは違い、限られた時間の中で行われる行為であるのかもしれない。さらにこれらの行為を積極的にとれる男性と取れない男性がいるのも事実である。

　現在の父親研究では、父親となる男性と我が子との交流は、生れてからはじまるのではなく、おなかにいるときからはじまっていると考えている。妊娠期から父親となる自覚を持つことは、その後の親子の関係をよくすることであると言われている[5]。今日の父親とは、親として二番手ではなく、いつでも一番手、第一養育者となることが求められている。男性にとっても子どもは作るもので、父親としておなかの子を妻と同様に受容し、一緒に育むことである。

第三節　おなかの子を忘れないで

3.1　おなかの子にもつ罪悪感

　5年毎に国立社会保障・人口問題研究所が行っている出生動向基本調査[6]では、女性に理想のライフコースを尋ねる質問項目がある。「子どもを持つが、仕事も一生続ける」という両立コースを理想する女性が、1987年第9回の調査では、18.5％、2010年には30.6％、2015年では32.9％増加している。実際においても、男性雇用者と無業の妻からなる世帯数と雇用者の共働き世帯数との関係は、男性雇用者と無業の妻からなる世帯数が減り、1996年には遂に雇用者の共働き世帯数が上回り、その差は広がるばかりとなっている。この傾向は、結婚して仕事を退職する女性が減り、結婚しても、妊娠しても就労し続ける妊婦がいることを示している。これにより、妊娠中の女性の身体的トラブルなどが多く報告されるようになっている。就労妊婦は、非就労妊婦よりも切迫流産、切迫早

産、妊娠高血圧症候群と言った異常の発症が多いことが報告されていた。このようなトラブルに巻き込まれた妊婦は、「私の不注意で、おなかの子につらい思いをさせてしまった」などと、子どもに対する罪悪感を持つ。

　本分野の 2015 年博士前期課程修了生が、就労妊婦の持つ罪悪感について研究している[7]。その結果からは、切迫流産で入院をしてくる妊婦の声には、我が子に対する自責のような言葉も聞こえてくる。そこでさらに、概念分析法を用いて妊婦の持つ罪悪感について分析を行った[8]。『広辞苑』で説明する罪悪感は「自分が罪悪を犯したと思う気持ち」と記されている。心理学では罪悪感を「後悔」「自責の念」「否定的感情」とし、罪悪感は否定的感情と捉えていることで生じるものとする。また、久崎[9]は自己意識的情動をある事象に遭遇して自己について内省することに伴う情動と説明し、罪悪感は自らの行為や考えを内的・外交的規範に照らし合わせ、それに違反したと判断することにより生じるとしている。内的規範・外的規範・社会的規範と様々であるが、行為や考えが罪であるかは関係なく、主観的判断によって規範に違反したと判断されたときに生じるのが罪悪感である。精神医学や精神分析学では、罪悪感を「内在化された処罰を恐れる恐怖感情」であり、「自らの行為を自制する感情」であるとも言っている[10]。また、自分が他人より良いものを多く持っている場合、自己と他者に不均衡が生じることから「利得過剰な罪悪感」があるとしている。多分野で説明している概念をまとめると、罪悪感とは「罪悪を犯したと思う気持ち」「後悔と自責の念といった否定的感情状態」「自己意識的情動」「内在化した処罰への恐怖感情」「行為を自制する感情」「利益過剰状態に対する感情」「自己規範に違反した際の否定的感情状態」であることが示された。ここから就労妊婦にはどんな罪悪感が生じるのかの調査を行った。就労妊婦はおなかの胎児に対する罪悪感と、職場に対する罪悪感があり、おなかの胎児にもつ罪悪感は、自己規範に違反した際の否定的感情であった。「おなかの赤ちゃんより仕事を優先しているようで後ろめたい」「仕事が忙しいために、ゆっくりおな

かの赤ちゃんに話しかける時間がなくて、赤ちゃんに申し訳ない」「仕事をしているためにおなかの赤ちゃんにいいと思うことが十分にできないのは、母親として申し訳ない」「出血をする、おなかが張るなど何かトラブルがあると仕事をしている自分のせいではないかと感じる」などがあげられる。また、職場への罪悪感もあり、自己規範に違反した際の否定的感情があり例えば「妊娠したことで仕事先に迷惑をかけるようで申し訳ない」など、行為を自制する感情の罪悪感では、例えば「妊娠したことは体がつらくても、迷惑をかけたくないので職場ではすぐには言い出さない方がいいと思う」、利益過剰状態に対する感情の罪悪感では、「妊婦だからと言って特別扱いをしてもらっているようで、職場で肩身が狭くなる」などがある。就労している妊婦であれば少なからず持っている罪悪感である。例えば切迫流産で、自宅安静あるいは入院というようになった時、子どもに対しても、職場に関しても罪悪感が一層高くなってしまう傾向がある。筆者の経験でも、産前休暇に入る前に仕事面をできるだけ整理して、職場に迷惑がかからないようにと無理をしてしまうことがあり、その時に、おなかを触ってみるとおなかが張っていることがあった（子宮が収縮している）。我が子に「ごめん。ママ無理してしまったね。苦しかったね」そんな会話をすることが度々であった。ついつい、おなかの我が子を忘れて、自分のことを優先していたことへの反省であった。

　母親になった就労女性の罪悪感は、職場復帰時に出てきた感情であった。3歳児神話、母性神話が神話でなかった時代に、働く母親に重くのしかかった感情であった。現在は、この感情からは大分解放されたと考える。就労妊婦のもつ罪悪感は、我が子への感情であり、子どもとの対話があるからこその感情とも考えることができる。仕事と子育ての両立は、妊娠しているときからはじまっているのかもしれない。

3.2. 胎児虐待

　「虐待」という言葉を知らない国民はいない。それだけ多くの人々の関

心事である。厚労省社会保障審議会（児童部会児童虐待等要保護事例の検証に関する専門委員会）の子ども虐待死亡例事故調べによると[11]、17次報告の平成31年死亡数を年齢別でみると、全体の49.1%が0歳児であり、その数は28事例で全体の49.1%となっている。そのうち0か月児は、11人39.3%となっているという。主な虐待の類型を見ると、「身体的虐待」と「ネグレクト」であり、加害者は実母で52.6%となっている。出生して間もない新生児が、実母の手による虐待で命を落としていることになる。このような結末になってしまった原因の一つに妊娠期・周産期の要因があり、予期しない妊娠/計画していなかった妊娠であったこと、妊婦健康診査未受診でそれぞれ35.1%と非常に高い割合になっている。

　予期しない妊娠/計画していなかった妊娠とは、考えもしていなかったのに、妊娠してしまっていたというまさかの状態をいう表現である。この現象は受動的であり、妊娠を受容することはできず、早期にはおなかの子に積極的に愛着を求める行為も難しいかもしれない。新生児・乳児の虐待の加害者となる母親たちは、年齢が若年であり状況に応じた適切な判断ができないことが多く、妊娠そのものに気づかない、あるいは気づかないふりをしながら経過をたどり、周囲や家族が気づいたときには、妊娠継続を中断する時期はとうに逸しており、その選択肢はなくなっている。産むしかない状況が、親の準備性もないままに出産、子育てに向かわせる。おなかの子に向き合うことの必要性も学べないまま親になることからの事故であり、悲劇である。若年齢で、予期しない妊娠/無計画妊娠からの出産は、妊婦健康診査未受診であることが多い。妊婦健診の目的は、母子の健康状態を把握し、異常に陥らないように管理し、親になる準備をする教育をし、促す場である。未受診の理由はあるにしても、改めてこの重要性を示す必要がある。

　今回ここで取り上げようとしたのは、「胎児虐待」である。この言葉は、子どもの虐待ほど耳慣れた言葉でないかもしれない。虐待という行為に関しては、おなかの子も、生まれた子の虐待も根本は同じと考える。胎児虐待とは、妊婦健康診査の未受診、薬物依存、アルコール、喫

煙などによって胎児の生命を脅かし、深刻な健康被害をもたらす行為が行われることを言う。胎児虐待の第一理由に、妊婦健康診査の未受診が挙げられる。これは虐待のネグレクトに当たると考える。妊婦健康診査の目的は前述したとおりであるが、妊娠が判明すると母子健康手帳をもらう手続きをし、妊娠期間中 14 回分の妊婦健康診査の無料券が配布される。さらに出産時には、出産一時金が支給されるため、出産費用は大分軽減されている。未受診が胎児の生命を脅かすあるいは、深刻な健康被害をもたらしていることとして、分娩時や産褥時の合併症が多いということがある [12]。妊娠高血圧症候群（妊娠中に高血圧となり分娩時のトラブル、胎児の発育不全など）、子宮内胎児発育不全（妊娠週数に見合った胎児の発育が認められないこと）、妊娠糖尿病、妊娠貧血（鉄欠乏性貧血）、感染症などにより、直接的に間接的におなかの子どもの生命を脅かす状態になってしまっている。未受診の産婦から生まれた新生児は妊婦健診をしっかり受けていた産婦から生まれた正期産児（妊娠 37 週以降～妊娠 42 週未満）と比較して、出生体重児は軽い新生児の割合が多い、早産で生まれる頻度も高く、極低出生体重児（出生時体重 1500 g 未満）や超低出生体重児（出生児体重 1000 g 未満）で生まれる子どもの頻度も高いと言われている。正期産で出生しても子宮内感染を起こしている状態で子どもが生まれてくるケースもあり、おなかの中にいるときに健康被害を被っている状態にあり、胎児虐待のネグレクトと言わざる負えない状況である。

　妊婦健診時の問診票に喫煙について問う項目がある。喫煙をしていた女性は、妊娠を機にタバコをやめたと回答する。妊娠を喫煙状態のまま過ごす妊婦も少なからずおり、喫煙中のニコチンの作用は、妊婦の母親の全身の血管収縮による子宮内の血流減少を引き起こし、一酸化炭素はヘモグロビンと結合し酸素の運搬能力の低下をもたらし、胎盤の機能不全、胎児の低酸素状態を引き起こす。このことは、受動喫煙でも同様で、父親となる男性が妻の前で喫煙しているとしたら、親になる夫婦がそろって胎児虐待をしていることになる。飲酒においても、大量の飲酒

は胎児アルコール症候群という胎児の神経機能障害や知的障害につなが
る[13, 14]。違法薬物においても同様である。嗜好品といわれるものの摂取
は母親となる女性にとって、味覚や嗅覚を通し心身の高揚感、開放感、
リラックス感などを与えられるものであるが、これらがおなかの子にとっ
て害になり、生命を脅かすことになり、親として不本意な胎児虐待とい
うレッテルを張られてしまうことになる。

第四節　小さく生まれる子どもと

　日本の新生児医療の水準は非常に高く、早期新生児死亡率は 0.7（出生
千対、2020）である。これは世界の中でも非常に低い値であり、生れて
一週間で亡くなってしまう子どもは千人中 1 人にも満たず、在胎週数 22
週以降 36 週の早産で生まれても生きることが可能な医療・ケア水準であ
ることを示している。さらには超低出生体重児や極低出生体重児の子を
助けることができる高度な医療・ケアが全国に設置されているということ
でもある。

　小さく、そして週数より早く子どもを産んだ親たちは、新生児集中治
療室（NICU）という特殊な環境に子どもを預けなければならず、ここで
子育てをはじめなければならない。NICU 入院中では母児同室が許され
ない時期があり、さらに面会制限が厳しく、親子の関係を育むことに関
して障害となる環境因子が存在している。我が子と一度も一緒に生活が
できないという親子分離の状態が続くことになる。早期母子接触（skin to
skin contact）は、出産・出生直後に新生児の体温を低下させないために母
親の胸に抱っこさせる方法で、母親の愛着形成を促進して愛着行動を起
こさせ、母乳の分泌を高めることを目的として、安全に留意しながら
行っている産科施設が多い。母児同室も同様で、できるだけ母子・家族分
離をさせず愛着形成を促すことを行ってきた。NICU に入院している子
どもとその家族は、この方法による親子関係の形成が入院直後にはでき
ない状態がある。NICU に子どもが入院している親たちは、どのように親
子関係を形成しようとしているのか考えてみたいと思う。

　親になるということは、母性本能による生得説ではなく、妊娠中から
親になる準備をはじめ、そして早くから親子一緒に生活をともにしなが
ら、親と子の関係が育まれていく。妊娠 37 週を待たずに子どもが生まれ
てくるということは、妊娠期に育てる親となる準備過程が途切れてしま
うことを意味する。子どもの在胎週数がどの程度であったかによって、
また、父親と母親では小さくして我が子が生まれたことへの親としての
体験が異なるため、2つの文献[15,16]からそれぞれの体験を紹介していく。
　切迫早産などで入院をしなくてはならなくなり、10 か月まで子どもを
おなかの中で育てることができない可能性を知った時、母親には子ども
への思いとして「申し訳ない」という子どもへの謝罪の思いが生じる。
もう少しおなかの中で育てていたいという思いが届かない、子どもとの
分離のつらさが出現するという。一方で「子どもへの愛情」が湧き、子
どもの存在の喜びも感じることもある。子どもが生まれて NICU に入院
すると、生れてきた子どもが想像していた姿（多くは満期産で生まれて
きた赤ちゃんを想像）と違っており、あまりに小さくいたいけな姿に衝
撃を受ける。また、10 か月間おなかで育て生まれてくるものと思ってい
ただけに、生れた実感がないという気持ちを持つ母親もいた。そして、
子どもへの謝罪と自責の念を持ちつつも、子どもと面会ができるように
なると、面会ができる喜びや、子どもに触ったり、触れたりできること
の喜びとそれに伴う安心感を持っていた。母親の退院により母子分離が
確実になることへのつらさを感じているも、しばらくして、母親は産後
の体調が回復すると我が子のいる NICU に通いはじめる。我が子が一生
懸命生きている姿を見て、勇気づけられ前向きになろうとする。NICU で
の我が子の成長が自分でもわかることが子どもの育つ実感となり、先が
見えてきた安心感として感じるようになる。親になることに関しては、
早く生まれることが分かった時から、親になるための自己成長への決意
を持つ母親もいるという。そして実際の子どもを目のあたりにすると母
親として子どもに何もできていないという親役割への葛藤を抱くも、家
族として受け入れていく、家族としての成長の実感を持つようになる。

退院後には、不安を抱きながらも親としての自信や子どもの存在への自己成長を感じ、親としての適応が順調に進んでいくと言われている。しかし、すべての母親が我が子のもとに通いながら、順調に親になっていく過程を辿るわけではなく、いつの間にか、毎日の面会が、3日に1回、1週間に1回と間延びしていく母親もいる。親子分離が長期化していくことの懸念が生まれることもある。親子分離が子どもの成長や発達に影響していることについては、著者と同業の助産師たちのバイブルにもなったクラウス（Marshall H. Klaus）とケネル（John H.Kennell）の『親と子のきずな』[17]においての解説されている。親と子の関係性作りが断ち切れることのないように NICU に子どもが入院中は面会を励行し、親が面会に来ない時は子どもの様子を克明に記録してあげる日記を通してNICU スタッフが子どもの代弁をし、親と子の糸が切れないように紡いでいくのが NICU のケアである。

　命を育む、もう一人の親として父親がいる。NICU での親は母親であった期間が長く続いていたが、2000 年以降父親の NICU での体験研究が多くなっている。小さく、そして予定より早く生まれてしまった我が子を見る父親にも、無事に生まれてよかったという安堵の反面、生命が脅かされた状態でいる子どもを見て、"大丈夫じゃない"、"死んじゃうんじゃないか"、異常なく成長できるのかという子どもの生存や将来への不安や、何もできない無気力感も存在していた。ここで父親たちは、悲しみや不安、今後なにが起こるかわからい不確かさとそれに対する恐怖があるものの、その感情を押し殺すことを求められる。それは、冷静であり続けること、常に強くあり妻や子どもを支える役目が求められる。NICU や世間はそんな父親像を期待していた。さらに、父親は一家の稼ぎ手としての経済的役割に重点がおかれ、NICU での父親は邪魔にならないように身を置き、価値ある役を見いだせない体験をしているという。そうした中にあっても、父親として、わが子に起こっている情報を探そうとしていた。我が子が今いる環境が子どもの成長にとって必要、十分な環境であることを様々な情報からわかろうとしていた。しかし、

父親が NICU で入院している我が子を「我が子」と実感する、抱っこするなどの親子のぬくもりを見出すケアの提供者に父親もいることを看護提供者が気づいていなかったために、母親よりも親子形成（父子形成）に時間がかかっていたという。退院してあるいは保育器から出ることができたわが子を抱くことによって、じわじわと父親としての実感がわいてきたのかもしれない。

　NICU に入院中の我が子を育てる父親像をまとめると、予期せぬ突然の早産による子どもの誕生は、父親にとっても非常にストレスフルな状態であり、不安や恐怖、無力感、NICU で自分のできることのないコントロール感の欠如を体験している。しかし、このストレス下でも、父親は子どもを守ろうとし、妻である子どもの母親に配慮し、母子のサポート役に徹する。自分の感情を抑え家族のために強くなろうと弱みを見せず、自分で解決しようとする男性特有の対処行動は、まさに父親の男性性からくるものであるという [18]。

第五節　障害を持って生まれる我が子への思い

　看護学の研究の中では、1990 年代後半になり超音波診断装置の普及と精度の向上により、周産期領域において妊娠中に胎児に異常が発見されることが多くなり、妊娠中から胎児に異常があると診断された母親へのケアの在り方が注目されてきた。この当時の胎児の異常とは、超音波診断装置を使用することで明らかになる先天異常で、外表に異常を伴うものであった。妊娠 22 週以降の人工妊娠中絶は認められておらず、人工妊娠中絶の理由に胎児条項はなく、妊娠中に胎児異常が見つかった妊婦は大きな衝撃を受け、妊娠期を過ごすことになる。その異常の程度も異なり出産時期を迎えて、出産後に手術などにより治る可能性がある場合と、おなかの中にいれば子どもの生存は保障されるが、出生後胎外に出たことによって我が子の生命が脅かされるケースの場合もあり、それぞれ我が子への抱く思いは、複雑である。2000 年の初め著者たちは、胎児異常と診断された家族に対するケアでどんなことを大切にしているか、

助産師・看護師への聞き取り調査を行った[19]。この中で、ケア方針に「信じて待つ」というものがあった。この方針が出てきた根拠として、ある看護者は「ありのままの児に向きあえる力をお母さんたちはもっているわけだから、それを信じて待つ」というものであった。上條[19]は、胎児異常を診断された妊産婦は、精神的ショックや身体的苦痛を繰り返し体験する中でも、妊産婦の根底には、我が子への期待と温かい思いが存在している。また橋本[20]は、思いもよらない事態に遭遇したお母さん、お父さんたちは、確かに一時的に混乱し泥沼の底に沈むような体験をするが、やがて現実に向き合い自分の力で立ち上がっていかれると述べている。胎児異常を診断された母となる女性たちは、既に6か月から7か月近く自身のおなかの中で育っている我が子の胎動も経験し、交流がはじまり愛着が高まっている。子どもを異常なく育ててあげられなかった自責の念と悲しみがあっても、やがてしっかりおなかの子どもを守り、出産に臨む準備をはじめることになる。また、妊娠中の子どもへの思いを記した荒木[21]は、母親になる妊婦たちは、おなかの中で、子どもが死んでしまうのではという恐れが頭によぎる一方、日々の胎動を感じることで、我が子の命が変わりなく無事であることを安堵し、日々を過ごしているという。異常の診断を受けていても、胎動があり、おなかが大きくなってくると、"この子大丈夫だよね。胎動もあるし、元気"というように思い込むことで、心の安定をはかりながら、我が子との交流をはかっている。助産師・看護師たちは入院中の妊婦たちを特別視せず、母になる様子を見守ることになる。

第六節　出生前検査がもたらすもの

2013年、胎児の染色体異常の出生前検査として無侵襲的出生前遺伝学的検査（NIPT）が日本に導入された。この検査は妊娠10週以降の母体血を採取することによって、13番、18番、21番の3つの染色体の数的異常を高い精度で検出することができる検査である。晩婚、晩産化の進む日本では、35歳以上の妊娠出産は全体の25%(2019)を占めるようになっ

た。妊婦が 35 歳以上の場合、染色体異常の確率が高くなることから、NIPT の受検者が増えることが予想された。2013 年開始時は 7775 件であったが、2019 年には 14288 件と受験者数は約 2 倍にもなった。NIPT の受検平均妊娠週数 13.1 週であり、受検後平均 2 週間で結果が判明し、もし陽性、擬陽性が判明した場合は、確定診断となる羊水検査を受けることになる。羊水検査ができるのが妊娠 15 週〜 16 週、さらに結果が出るのがその後 2 〜 3 週間である [22]。

　2016 年著者は、大学院生と一緒に NIPT を受検した女性が、妊娠中にどんな思いを抱いていたかの研究を行った [23]。この研究は、2013 年はじめて NIPT が日本に導入され、試験的に開始された病院で受検した女性たちが陰性の判定後に我が子を出産し、1 年目となっていたところでのインタビューであった。特に妊娠中、受検してから結果がわかるまでの思い、陰性とわかって子どもを出産するまでの思いについてである。受検してから結果が出るまでは、「それらしい理由を探しながら、赤ちゃんはきっと大丈夫と思う」というもので、まだ、胎動はわからないにしろ、もし異常だったらもうすでに兆候があるはずなのにそうなっていないのは、大丈夫という証拠というように信じている気持である。3 週間（2013 年は判定にかかっていた）おなかの中で子どもが育っているので、大丈夫という感覚が強くなっている様子であった。もう一つ「あえて妊娠については考えずにひたすら検査結果を待つ」であった。この妊娠のすべてについてあえて考えないようにしながら結果を待つというもので、陽性であったら妊娠の中断につながるので、その事態が起こった時に自分が辛くならないように、この妊娠自体について何の感情もないと無理に自分に言い聞かせるという防御策のようなものを取っていた。ある女性の場合、妊娠による体の変化は待ったなしでやってきて、いくら妊娠について考えないようにしても、まったく考えないようにすることは無理であったという。つわりがひどくなれば、職場の同僚や上司になんとなく気づかれていることがわかり、考えないでいることは難しかったという。またある女性は、陰性の結果が出て、この妊娠を最後まで継続で

きる確証が得られ、晴れて自分が妊娠している事実を認め、周囲にも私は妊婦と堂々と宣言でき、そこから「本当の妊娠」がはじまると思っていたので、結果を待つ間はなかったことにしたかったという。また、ある女性は、妊娠について考えないようにしていたのは、おなかの子どもについても考えないようにするためであった。もしこの妊娠を中断するとなった場合、子どもに対して断ち切れない愛情が育っていれば自分には辛すぎると考え、おなかの中のこれから生まれてくる子どもがいるとは考えないようにすることで、どうしても湧き出てきそうな思いに蓋をして過ごしていたという。本来なら、この時期、つわりによっておなかの子の存在を意識し、おなかの子どもを想像し、子どもとの交流を楽しみはじめる時期であるにも関わらず、あえて、考えないようにする気持ちを示していた。一方で、「私の中にいる赤ちゃんの存在に気付くことで私の中の中絶という判断が揺らいだ」というカテゴリーも導いている。これは、受検してから待っている３週間の間に、おなかの子どもは成長し、それを母として気づくことになる。陽性の場合は妊娠を中断することを夫婦で決めて受検をしたはずなのに、その気持ちに迷いが生じてきたことを示している。NIPT を受検する段階では、感じることがなかったぴくぴくというかすかな胎動を感じ始めると自分のおなかの中にひとつの命があることに気づき、また、あるものは自分のおなかのふくらみにおなかの中で育っている命を感じていた。それまでは、陽性であったら妊娠を中断させるという決定であったはずなのに、しかしどこか自分とは遠いところで捉えていた。今このおなかの中で育っているこの子の命を私の選択でやめてしまうという重大な問題であることを捉えなおし、改めて、妊娠の中断（命を絶たせてしまう）の重さに気づき、自分たちがくだす判断をもう一度真剣に考え直していた。一方で、男性である夫は、妻ほどこの時点での子どもの存在を深く意識することはなく、結果を待つ間も陽性であったら中絶という判断が揺らぐことはなかったという。女性は、中絶という判断にこれほどの大きな葛藤をいだいているのに、あっさり、中絶ということを言い放つ夫に腹立たしさを覚えたということ

であった。中絶についてもう一度考え直してしまうのは、自分のおなか
の中に子どもが育っていることを感じ、子どもの存在を実感した女性た
ちの特有の気持ちであった。この判断の揺らぎは、障がいがあったとし
ても産む選択肢もあることを考えさせるものであった。そしてさらに子
どもの顔が見たいという強い思いも沸き立たせていた。理性では、障が
いを持っている子を育てることは私たちには難しいだから中絶を考える
ということであった。しかし、妊娠する前には想像もしなかった、抑え
きれない子どもへの愛情が既に育っていた。そして、おなかで育ってい
る子どもを裏切って、陽性だったら中絶と考えてNIPTに臨んだ自分に対
して罪悪感をもっているというものであった。

　NIPT陰性の結果を受けると、「安心して妊娠生活を楽しめるように
なった」という。これまで妊娠しているとはできるだけ思わないで過ご
し、おなかの我が子の存在さえもなかった、気づかないふりをしていた
女性たちには一気にその気持ちは吹っ切れて、本当の妊娠のスタートラ
インに立っていた。今までしたくてもできなかった、妊娠ライフ、胎教
に良いあらゆることをはじめていた。そして、おなかの子を「うちの子
としての愛情が沸き成長が楽しみなった」と話していた。"ほんとうに生
まれてくる子どもっていう感じで、愛情がわきましたね。""エコー写真
を見ていてもかわいいな"という生の言葉に、我が子として実感してい
る姿が示されていた。

　NIPTをはじめ出生前診検査をうける女性たちは、陰性の結果が出るま
では、我が子に対して、愛着が沸かないようにあえて妊娠については考
えない「仮の妊娠」として扱っていた。しかし、時におなかの子どもの
存在を感じてしまうと本当に中絶でいいのかと悶々と悩む姿があった。
女性にとっておなかの中で子どもを育てるということは、どんなにその
気持ちを押し殺しても、やはりそこに何らかの我が子への思いは育って
おり、子どもとの相互作用は始まっている。理屈とは違う、妊娠という
現象とそれを感じる身体感覚なのかもしれない。

第七節　我が子の命が途絶えたとき

　妊娠が判明しどんな経過をたどりながら我が子との 10 か月間を過ごしていくかについては、5.1 我が子との交流は、妊娠の受容からや 5.2 父親となる男性の命の育みで述べられている。しかし、10 か月まで育ちきる前におなかの中で、我が子の命が途絶えてしまうことがある。妊娠 12 週未満で突然の出血がはじまり、流産してしまうのである。妊婦健診に行って超音波診断装置を当ててみたら、我が子が入っているはずの胎嚢の形が崩れ、クリオネのように動いていた我が子の心拍が停止していたというようなことが起こる。また、妊娠 12 週以降は死産として扱われる。胎動を感じるようになった妊娠週数になっていたのに、胎動を感じなくなった。出産間際まで来ていたのに、当然我が子が動かなくなり、異変に気付き病院を受診してみると心拍が聞こえなくなっていたということもあり、妊娠中に起こりうる現象である。胎内での我が子の死が明らかになった時、我が子を胎外にだしてあげなければならない。その方法は妊娠週数によって異なる。妊娠 36 週既に 10 か月に入っての死産の分娩は、通常のお産と同じように行われる。陣痛促進剤を使って、陣痛を起こしながら分娩を進めていく。この時、必ず分娩監視装置（陣痛計と心拍計（ドップラー））を産婦のおなかに装着するが、陣痛計はつけても胎児の心拍計は装着しない。通常なら画面上に陣痛と胎児心音の両方が映し出されるが、陣痛計のみが子宮の収縮状態をモニタリングしている。助産師は産婦に "陣痛だんだんに強くなってきましたね。そろそろかもしれません。" 通常であれば "赤ちゃんも元気、頑張っているね" "ママも一緒に頑張ろう" と声をかけ励ましながら分娩が進行するが、陣痛の状態しか声かけができない、言葉選びのもどかしさもある。出産時、そこに立ち会った家族、スタッフがみんなで "おめでとう" と声をかけあう華やかさと、子どもが第一啼泣したときの安堵と喜びの和やかさがあるが、"○○さん、頑張ったね。赤ちゃんとってもきれいな顔立ち、よく頑張って生まれてきてくれたね" という助産師の声がけは、静かさと緊張感と "こんなに大きく育っていたのに" という無念さと悲し

みの心の声がそこにある。分娩台で痛みに耐え汗だくになって必死にいきみ、我が子を出産させたものの、元気な産声を聞くことのできない悲しみははかり知れないものである。分娩室では悲しみの嗚咽があり、助産師はそこに寄り添うのみである。

　周産期のグリーフケアが発達してきたのは 2000 年以降である。グリーフを日本では悲嘆と訳している。周産期の流産、死産による子どもを失うという喪失体験は、感情の変化や身体症状への変化として現れる。女性とそのパートナー（父親）が現実に起こった我が子の喪失を正面から捉え、その痛みや悲しみをしっかり経験することが、その後の二人の日常に戻る意味でも非常に重要なことである[24]。周産期のグリーフケアは、太田の研究[25] から今の日本周産期のグリーフケアが見出されている。女性たちは、妊娠中から築いてきた子どもとの関係から、子どもを亡くしても母であることは変わりなく、母であることを支えるケアが必要であるとしている。希望するだけ子どもに会うこと、別れることを支える、生きた証、存在した証を残す思いで作りをする、火葬や供養を支える、子どもが生きているかのように扱うというものであった。我が子と面会をする、入院中は母児同室をする、かなうのであれば、沐浴をしてみる、一緒に写真を撮る、もし、名前がついていればスタッフも名前を呼んでみるというようなことが行われる。死産の場合戸籍に名前が載ることはない。それでもなくなった我が子が存在していたことをしっかり形に残すこと、さらに自分たちの子どもであったことを認識できていることがおなかの中で交流していた我が子とこれからも続く交流であるためである。それでは、父親となる男性はおなかの中の我が子の突然の死をどのように受け止めたのであろうか。大学院生と行った研究をもとに述べていく[26]。

　出産、育児に係る父親の役割は、妻を支える役目であり、育児に関しても第一養育者ではなく第二養育者であり、協力者であった。その認識は本人のみでなく医療者も同様の感覚を持っていた。しかし、流産死産で我が子を亡くした男性の研究で、父親の喪失体験を十分に受け止め、

ケアをする必要性を考えさせられた。我が子は当然元気に生まれてくる
と思っていったにもかかわらず、予期せぬ事態が発生したことで、普段
できていたことが手につかない、気が動転していたことが語られた。そ
して、医師から我が子の死を告げられることで、それまで、我が子の誕
生を確信していたのに、それがもろくも崩れ去り、死の宣告がそれまで
抱いていた我が子の誕生とはかけ離れ、その事実と向き合うだけの余裕
がない様子であった。根底に悲しみの感情はあるものの、我が子の死が
確実になってしまうことを恐れ、事実と向き合うことを避け、妻を支え
ようと奔走し、子どもの死に関する病院での手続きを言われるままに動
いている姿があった。これらのことに没頭することで、我が子の死に対
峙することを避けているようでもあった。我が子が生まれると "誕生死
の実感" をしていた。父親たちは亡くなっている我が子と面会し、腕に
抱くことにより我が子の死の確証を得ることになった。我が子としての
実感は、子どもと面会をして我が子を腕に抱くことができその重みを感
じ、そして、喜びを感じてのものであった。父親としての想いが呼び起
され "かわいそうなことをした" "抱っこさせてくれてうれしい" という
我が子と認識できた父親ならではの感情が語られていた。妊娠中から我
が子との交流があったからこその発言でもあった。しかしそれと同時
に、抱っこしている、目のあたりにしている我が子は青白い顔をして息
をしていない我が子である。視覚と触覚により死を実感していた。ある
父親の語りに "なくなった赤ちゃんはもっと恐ろしいものだと思ってい
た。生まれてみたら普通の赤ちゃんと同じであった。どうしてこんなに
普通なのに生きて生まれてこなかったんだ" という語りがあった。死へ
の疑念がわいてくる一瞬でもあった。父親たちは、我が子の死を深い悲
しみの中で受け止め、亡くなった我が子と家族として時間を過ごし、火
葬などの儀式を通して我が子を弔い、我が子としての実感と我が子の死
の実感を同時に深めていった。父親としての子どもの弔いには、父親と
しての強い信念があった。我が子への思いは、"こんな冷たい所に子ども
を一人でおいておきたくない"、"父親としてきちんと送り出そう" と、

別れのセレモニーの準備を行っていた。それはこの子が家族の一員であると認めてのことでもあった。そして、このような儀式は、自然と我が子の死の実感へとつながっていくものであった。また、これらのことは、父親としての気丈な振る舞いによるものでもあった。父親は、やがて忌引きの期間を経て職場に復帰していく。しかし、父親は悲しみに浸る悲嘆作業をする暇がなかったことがあり、ある時悲しみがフラッシュバックし、ふと出張で一人になったとき、通勤の車の中で、涙を流し素直に感情表出ができたという。父親たちの感情の表出も大事なグリーフケアである。

　次につなげる命として、死産で子どもを亡くしつつも、その子を通して母親や父親となった親たちは、次の子どもを儲けていた。グリーフケアを通して、子どもを実感し、家族として亡くした我が子を認識することが、次につながる命をもうける原動力になっていた。逝ってしまった子どもが彼らの第一子であり、次の子につながっていた。

おわりに

　この章で執筆することになった育む命は、命とはいつから、子としての存在はいつからというような生命倫理、宗教観で論じるのではなく、生殖家族期における子どもをもうける家族の支援者としての助産師であり、看護学研究者の立場からのものである。30年近くウィメンズヘルス・周産期看護学の研究者として、大学院生と一緒に行った研究をベースに書かせていただいた。これらの研究は質的研究といわれる手法を使い、それぞれの語った研究参加者の生の言葉から導き出された真実の語りである。一方で著者は、ここ数年、母と子（おなかにいる）の交流を科学的に導き出す研究を行っている。母と子の双方向の相互作用がいつからはじまるのか、これが解明されれば育む命の科学的証明になるのではないかと思っている。

引用・参考文献

1 ）榮　玲子：妊婦の胎児への愛着形成に影響する要因の検討、助産学会誌 18（1）、49-55、2004

2 ）Birnholz, J. C. & Benacerraf, B. R. The development of human fetal hearing. Science,222（4623）, 516-518., 1983

3 ）厚生労働省「令和元年度雇用均等基本調査」の結果概要
https://www.mhlw.go.jp/toukei/list/dl/71-r01/07.pdf（2021.9.18）

4 ）松原美和：妊娠期の父親になる実感作業プロセスに関する研究、平成 15 年度長野県看護大学大学院看護学研究科修士論文、2004.3

5 ）Takeishi Y, Nakamura Y, Kawajiri M, Atogami F, Yoshizawa T. Developing a Prenatal Couple Education Program Focusing on Coparenting for Japanese Couples: A Quasi-Experimental Study. Tohoku J Exp Med. 2019 Sep;249（1）:9-17.

6 ）第 15 回出生動向基本調査
http://www.ipss.go.jp/ps-doukou/j/doukou15/NFS15_gaiyou.pdf（2021.9.15）

7 ）和田彩：就労妊婦の特性と妊娠アウトカムとの関連－内的特性に着目して－平成 27 年度東北大学大学院医学系研究科保健学専攻博士前期課程修士論文、2015.3

8 ）和田彩、中村康香、跡上富美、佐藤眞理、吉沢豊予子：就労妊婦の罪悪感：概念分析、日本看護科学学会誌、36、213-219、2016（on line 18th Mar 2017）

9 ）久崎孝浩：恥および罪悪感とはなにか：その定義、機能、発達とは、九州大学心理学研究、3、69-76、2002

10）Modell A.H.,: The origin of certain forms of preoedipal guilt and the implications for a psychoanalytic theory of affects, International Journal of Pschoanlysis,52,337-346,1971.

11）厚生労働省社会保障審議会（児童部会児童虐待等要保護事例の検証に関する専門委員会）https://www.mhlw.go.jp/stf/shingi/shingi-hosho_126713.html（2021.9.4）

12）社会的リスクと周産期医療－胎児虐待という観点から－
http://www.jaog.or.jp/sep2012/know/kisyakon/41_110209.pdf（2021.9.15）

13）18-婦人科および産科 / 妊娠中の薬物 / 妊娠中の薬物（妊娠中の社会的薬物と違法薬物）https://www.msdmanuals.com/ja-jp/

14）厚生労働省 e-ヘルスネット
https://www.e-healthnet.mhlw.go.jp/information/tobacco/t-02-003.html#:~:text=

15）藤野百合、中山美由紀：新生児集中治療室（NICU）に入院したこどもを持つ母親の思いに関するメタ統合、大阪府立大学看護学部紀要、17(1) p.65-75、2011.

16）岡澄子、野中淳子、米山雅子：NICU に入院した子どもの父親の体験に関する文献検討、日本小児学会誌、26、p78-83、2017.doi:10.20625/jscn.26_78.

17）マーシャル H. クラウス、ジョン H. ケネル（竹内徹、柏木哲夫、横尾京子訳）、『親と子のきずな』、医学書院、1985

18）赤羽洋子、上條陽子、黒田裕子、吉沢豊子、他：胎児異常を診断された妊婦をケアする看護者が援助を通じて大切していること、長野県看護大学紀要 8、p.21-28、2006

19）上條陽子：妊娠中期以降に胎児異常を診断された妊産婦の体験－妊娠中から分娩

後1か月までの継続ケアを通して－、日本助産学会誌、17、p.16-26、2003

20）橋本洋子：周産期の心のケア5「外表奇形」をもった赤ちゃん Neonatal Care、13、558-559、2000

21）荒木奈緒：異常を診断された胎児と生きる妊婦の経験、日本助産学会誌、31(2)、p.3-12、2011

22）厚生労働省第4回NIPT等出生前検査に関する専門委員会（日本産婦人科学会）提出資料 https://www.mhlw.go.jp/content/11908000/000754902.pdf（2021.9.18）

23）吉田明莉、中村康香、跡上富美、吉沢豊予子：無侵襲的出生前遺伝学的検査（NIPT）受検者が妊娠中に抱く思い、東北大学医学部保健学科紀要、26(1)、p.47-56、2017

24）室月淳：出生前診断と選択的中絶のケア－日常診療で妊婦・家族ときちんと向き合うための基本がわかる、MCメディカ出版、2021.

25）太田尚子：死産で子どもを亡くした母親たちの視点から見たケア・ニーズ、助産学会誌 20(1)、p.16-25、2006

26）桂田かおり：死産・新生児死亡を経験した父親の「子どもの死の実感プロセス」平成22年度東北大学大学院医学系研究科博士前期課程修士論文、2011.3

第四章　よく死に、よく生きるための緩和ケア

井上　　彰

はじめに

　本章で取り上げる死は、日常的に最も「ありふれた」病気による死です。私自身は、肺がん治療の専門家として長らく東北大学病院に勤めており、2015 年に現職に就いてからは、肺がんの患者さんのみならず病院全体の患者さんに対する「緩和医療（緩和ケア）」を統括する立場にあります。これまで、数多くの患者さんを看取ってきましたが、（ご本人の姿だけでなく周りの方々との関わりも含めて）傍から見て「穏やかで幸せそうな死」もあれば、「辛そうな死」もあるのが厳然たる事実です。もちろん、そこまでの過程は千差万別であるものの、「来るべき死に向けて、どのように生きてこられたか」は最期の状況に大きく影響しているように感じています。本章では、ある一人のがん患者さんの闘病記からの引用も交え、死に至る病の療養過程を支える役割を担う「緩和ケア」の意義や「がん治療」の現状について述べさせていただきたいと思います。誰の身にもいずれ生じうる未来に対する「備え」として、基本となる医学的知識や考え方が少しでも皆さんのお役に立てば幸いです。

第一節　そもそも「緩和ケア」とは

　皆さんは「緩和ケア」についてどのようなイメージを持たれているでしょうか？これまで多くの学生や一般市民に講義や講演をしてきた中で、大半の方がイメージなさるのは「亡くなる直前の辛さに対処して、穏やかな死を迎えさせるための医療」（図 1 上段）のようでした。医療者においても、未だにそのように認識している方が多いのは事実です。確かに、緩和ケアの始まりは中世のヨーロッパにおいて、聖地へ巡礼する

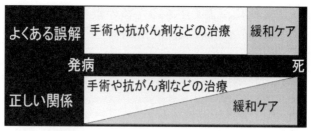

図1　（進行がんのような）死に至る病に対する治療と緩和ケアとの関係

キリスト教信者が志半ばで病に倒れた際、彼らの心と身体を救済するために教会に設置された施設とされ、その後、イギリスを中心として不治の病（当時は結核など）に冒された患者の療養所として発展しました。しかし、20世紀半ばからの近代医療においては、その役割は大きく広がっています。2002年に発出された世界保健機関による緩和ケアの定義は、「生命を脅かす病に関連する問題に直面している患者とその家族の『生活の質（quality of life, QOL）』を、痛みやその他の身体的・心理社会的・スピリチュアルな問題を早期に見出し的確に評価を行い対応することで、苦痛を予防し和らげることを通して向上させるアプローチ」であり [1]、図1下段のように手術や抗がん剤治療など病気そのものに対する治療とともにある位置づけです。特に重要な点は、「療養の時期を問わず」必要な問題に対処することであり、それによって残された日々のQOLを高めることが可能になります（余談ですが、私の講座（緩和医療学分野）のキャッチフレーズ「より良く生きるための緩和ケア」も、先述の理念を意識したものです）。私が担当したある肺がん患者さんは、50代の若さにも関わらず初めて受診した病院から「衰弱が激しく抗がん剤治療が出来ない」との理由で東北大学病院に紹介されて来ましたが、実は骨への転移による痛みがひどくて夜も眠れず、食事も取れなかったのが原因でした。それらに対して後述の医療用麻薬を含む適切な鎮痛薬で対処した結果、痛みが和らぎ体調も回復して、ご本人が望まれた抗がん剤治療が実

表1　千葉敦子さんの治療経過（文献3を参照）

1981 年 1 月	東京都内の某病院にて最初の乳がん手術
1983 年夏	鎖骨上リンパ節に再発し、同病院で放射線治療
1984 年夏	胸部リンパ節に再々発し、米国スローンケタリング記念病院で放射線治療＋抗がん剤治療
1986 年秋	縦隔リンパ節に再々々発し、同病院で抗がん剤治療
1987 年 1 月	抗がん治療を止め、現地のホスピスを訪問
1987 年 7 月	ホスピスにて永眠（享年４６歳）

施できました。このように、早い段階から適切な緩和ケアが行われない
と治療できる方もできずに終わってしまいます。先の定義で示された
「生命を脅かす病」はさまざまであり、大多数の方はいずれ何らかの病気
が原因で亡くなるわけなので、緩和ケアはほぼ全ての方に必要な医療と
言っても良いのですが、中でも日本人の死因の一位である「がん」に対
しては、2007 年に施行された「がん対策基本法」にもとづく「がん対策
推進基本計画」に沿って、緩和ケアについても各地域の拠点病院を中心
にその充実が求められています [(2)]。

　本章のタイトルの元となった「よく死ぬことは、よく生きることだ」（文
春文庫）は、著者であるジャーナリストの千葉敦子さんによる乳がん治療
の闘病記として 1990 年に出版されました [(3)]（本書は現在廃版となってい
ますが、中古の品はネット等で購入可能です）。千葉さんの治療経過は表
1 に示すとおりですが、当時はがん治療も緩和ケアも我が国の医療は欧米
に大きく後れをとっており、千葉さんは途中から渡米して米国ニュー
ヨークのがん専門病院（スローンケタリング記念がんセンター）で治療
を受けています。そして、最終的には現地のホスピス（緩和ケア病棟）
で永眠されるのですが、同病棟で「よく死ぬ」までの過程において、千
葉さんなりに納得がいく医療を追い求め「よく生きた」姿が記されてお
り、私自身「がん治療」に携わる身として大いに感銘を受けました。本
書の中には、千葉さんが体験された様々な日米の違いが述べられてお

* MSW（メディカルソーシャルワーカー）
**医師、歯科医師、看護師、薬剤師、栄養士、理学・作業療法士、
MSWなどで構成される

図2　全人的苦痛に対する専門職

り、未だに日本の医療現場で問題となっていることも多く触れられてい
るので、以後の話題の中でいくつか紹介させていただこうと思います。
例えば、千葉さんの著書には「心身両面の看護」と題して「人間は、肉
体だけでなく心も持っているのだから、そちらのケアもなおざりにされ
てはならない。心身両面のトータル・ケアが求められる。」とチーム医療
の重要性が記されています。今でこそ先述の「がん対策基本法」によっ
て、東北大学病院のような拠点病院は「緩和ケアチーム」を有すること
が義務付けられていますが、日本でそれが意識されたのはつい最近であ
り、未だに十分なメンバーが揃っていない緩和ケアチームも多いです。
緩和ケアチームは、図2に示すような多職種の専門家で構成され、患者
さんが抱える「全人的苦痛」に対処しますが、千葉さんの時代と比べて
近年では社会的苦痛への対処の必要性が増しているように感じます。日
本においては少子高齢化により介護者がいなかったり、老々介護で十分
な介護力がないなどの問題が増えてきています。その領域の専門家はメ
ディカル・ソーシャル・ワーカー（MSW）であり、介護保険を始めとす
るさまざまな社会福祉制度の活用や、療養施設の利用に際して大いに力
を発揮してくれます。一方、スピリチュアルペインは霊的苦痛とも呼ば

れますが、医療者においても十分理解されていないことが多いです。例を挙げれば、健康な時には全く意識せずに行えていた入浴やトイレでの排泄といった基本的な行為が自力で出来なくなった際、「家族に迷惑をかけてばかりの自分に生きる価値があるのだろうか？」と感じるような「人としての尊厳」に関わる辛さです。薬を処方すれば解決するような問題ではないため、医療者としても無力感に苛まれ、患者さんから足が遠のいてしまいがちですが、その際に頼りになるのが臨床心理士や宗教家などの「心（もしくは魂）」の専門家です。後者は、キリスト教圏では医療機関にチャプレンとして存在するのが当たり前ですが、我が国においてはまだ発展途上の段階です。その中で、東北大学病院は大学病院としては唯一、日本版チャプレンである臨床宗教師を正規雇用し、先進的に取り組んでいることを強調させていただきます（詳しくは、臨床宗教師の章をご参照ください）。

第二節　自分が進行がんになったら

　言うまでもなくがん対策の基本は「早期発見・早期治療」であり、ある種のがんでは年齢など一定の条件を満たした方が定期検診を受けることで、死亡リスクを減らせることが科学的に証明されています（さらに有効なのは「予防」であり、肺がんを例とすれば禁煙が最も死亡リスクを下げます）[4]。肺がん検診として、胸のレントゲン写真を撮ったり、痰を提出した覚えがある方も多いでしょう。ただし、レントゲン写真の検出限界のため検診で全ての肺がんが早期に見つかるわけではなく、肺がん全体のうち手術で取り切れる状態で見つかるのは約3割とされています。つまり多くの肺がん患者さんは、進行期（治るのが難しい状態）で発見され治療を受けるのですが、その治療も2000年代初め頃は非常に効果が乏しいものでした。当時最善とされた抗がん剤治療を受けても半数の患者さんは1年以内に亡くなり、抗がん剤の副作用で命を落とす方も数％おりましたので「治療しても意味がない」という意見すらあったほどです。その後、抗がん剤治療は劇的に進歩し（代表例が京都大学の本庶佑

先生が 2018 年にノーベル医学生理学賞を受けられた「免疫チェックポイント阻害剤」）、進行肺がん患者さんの生存期間は 20 年前と比べて 3-5 倍にまで延びていますが、それでも 5 年以内には半分以上の方がお亡くなりになってしまう厳しい現実があります。

　このような進行がんの患者さんに抗がん剤治療を提案する際、医師としては「抗がん剤でがんを治す（完治させる）ことは難しく、進行を抑えるのが目的」と説明しますが、患者さんの多くは「がんは治る」と誤解しているとの調査結果があります [5]（実際には、頭では理解していても「治ると信じたい」気持ちのあらわれなのかもしれません）。いずれにせよ、患者さんやその家族は少しでも良い結果を期待しがちなことを理解して、医師は安易に楽観的な説明をしないように心掛けるべきですが、現実には十分な効果が期待できない（後述する「標準療法」を終えた後）にも関わらず、「もしかしたら効くかもしれない」と説明して抗がん剤治療を引き延ばしている医師が後を絶ちません。そのために貴重な時間と体力を費やして、本来すべきだった「人生の最終段階」に向けた準備（後述）が出来ないケースを数多く見聞きしています。この点は千葉さんの著書にも「対決嫌い」として「病名の告知だけでなく、病気の見通しについても、日本の医師は、ふつう悪い方の要素については述べない」と記されています。さすがに病名の告知は現在の日本ではほぼ全例に行われているはずですが、病気の見通しも含めた「伝え方」が未熟な医師が多いことは未だに問題となっています。表 2 に示されたような手法が、日本人のがん患者さんに有効であることは既に証明されており [6]、それをトレーニングする場も用意されてはいますが、心の準備が出来ていない患者さんに無配慮に余命を伝えて、残酷な「死亡宣告」のようになっているケースが少なくありません。千葉さんの著書にも「医者選びは難しい」として、「適格な医師を探すことががん治療のかなめであり、米国では、自身の主治医について事前に調査するのが基本」と記されています。日本では、患者さんは「病院選び」こそすれ、特定の医師を選んで受診することは極めて稀だと思いますが、主治医以外の医師に意見

表2　日本人に適した「悪い知らせ」の伝え方（SHARE）（文献6から引用）

Setting	適切な場の設定
How to deliver bad news	悪い知らせの伝え方への**配慮**
Additional information	（患者が望む）**情報を与える**
Reassurance and	今後に対する**希望の提供**
Emotion	患者の情緒に共感的に対応

を求める「セカンドオピニオン」は患者さんの権利として認められています。特に手術や抗がん剤治療など、身体に及ぼす影響が大きい治療法の選択に際しては、十分な理解と納得のうえで決断すべきであり、千葉さんも「両医師の見解は異なる。こういう違いがあるからこそ、複数の医師の意見を聞くことが重要なのだ」と記しています。「主治医を信用していないようで申し訳ない」と遠慮なさる患者さんも多いですが、真摯に患者さんの治療方針を検討している医師であれば、セカンドオピニオンの申し出に対しても快く他院に向けての資料を作成してくれるはずであり、そこで怒ったり不機嫌になるような医師は信用に値しないと判断して良いでしょう。

　ただし、セカンドオピニオンを求める際には、その病気の専門家を正しく選ぶことが極めて重要です（がんの治療に関する相談なら、大学病院やがんセンターの担当者であれば問題ないでしょう）。インターネットで検索すると、極めて高い効果をもたらす「最先端のがん治療」をアピールしているクリニックなどが真っ先に出てきたりしますが、その多くは「インチキ」である可能性が高いです。残念なことですが、ワラにもすがる思いの患者さんを「食い物」にしている悪い輩は沢山います（クリニックの医師自身は不勉強なだけで悪気はなく、インチキ治療を提供している悪徳業者の説明を信じ切っている場合もあります）。インチキ治療を見分けるポイントは主に以下の3点です。①健康保険が適用されない（なので、治療費は数百万円もの高額になることもある）②効果が

あった患者さんの「体験談」が載っている③「全てのがんに効果あり」
と謳っている。①については、「高いものは優れたものであるはず」とい
う心理を巧みについており、芸能人なども数多く騙されているようで
す。なお、開発中の新薬が「治験薬」として一部の病院で使用できる場
合がありますが、その際には治療費の大半は製薬会社が負担してくれる
のでインチキ治療とは全く状況が異なります（もっとも、治験薬の多く
は失敗に終わっているので、治療を受けた方が得とは限りません）。②は
一般の方には判断が難しいかもしれませんが、仮にホームページ上に効
果があった患者さんのCT画像などが載っていても、それが本物である保
証はないということです。論文や学会報告についての記載があったとし
ても、世の中にはお金を出せば論文を掲載してくれる雑誌があり、学会
も小さい発表についてはチェックが甘くなりがちです。一番確実なのは、
そのような情報の信ぴょう性について、信頼できる医師に意見を求める
ことでしょう。③も同様ですが、がんの仕組みは種類によって実にさま
ざまであり、既に承認されている抗がん剤でも「あらゆるがんに効果が
ある」薬はほとんどありません。ある種のがんに有望な薬剤であれば、
必ず承認されているか治験が行われていますので、先ずはその情報を主
治医から得るのが得策と思われます。がんに限らず、「ある病気に対して
効果が高い」ことが科学的に証明された治療は「標準療法」としてその
領域の学会がガイドラインなどで推奨していますので、それらは（一定
のリスクを理解したうえで）試みる価値がありますが、それ以外の治療
は「身体にとって良いかどうか分からない」のが真実です。

　千葉さんの時代にも、新薬に関してさまざまな情報が飛び交っていた
ようですが、ジャーナリストらしく冷静にその内容を見定めていたよう
です。「新薬」というテーマについて、「日本では、新しい抗がん剤が開
発されたというニュースが、あたかもこれですべてのがんが治るように
なったかのようなトーンで伝えられがちだ」と記されていますが、これ
は現在でも全く同じことが言えます。私も常日頃から日本のマスメディ
アがあまりに表層的な解釈で情報発信していることを気がかりに思って

います。その最たる例が、進行肺がんに対する分子標的治療薬（がんの
成長を司る遺伝子をピンポイントに制御する仕組みの抗がん剤）ゲフィ
チニブの発売前後に生じた一連の騒動です（イレッサという商品名に見
覚えある方もいるかもしれません）。本剤は肺がん初の分子標的治療薬と
して発売前から大きな注目を集め、「効果が高く副作用はない夢の新薬」
ともてはやされました。ところが、発売直後から重篤な薬剤性肺炎（薬
の副作用で生じた肺炎で呼吸困難におちいる症状）の報告が相次ぎ、そ
のために亡くなってしまう方もおりました。当時のマスメディアは手のひ
らをかえして、その肺炎を「薬害」と糾弾し、患者さんのご遺族による
国や製薬会社への訴訟を大きく取り上げました。ただ、専門家としての
立場からは、そのような肺炎の発生頻度は数％で、開発段階から生じて
いたことは添付文書（医師が読むべき薬の説明書）にも記載されてお
り、それまでの抗がん剤と同様に一定のリスクを承知のうえで用いるべ
き薬であることを患者さんに十分説明する必要があったと言えます（お
そらく、当時の熱狂にほだされて専門外の医師が十分な説明もなく患者
さんに薬を用いて、副作用が出た際に「聞いてない！」ということだっ
たのではと推察します）。果たして、本剤は裁判において「無罪」と判断
され、現在でも肺がんに対する重要な薬として用いられています。千葉
さんは30年前の時点で「知識は患者を強くする」と記しておられました
が、今はインターネットなどで一般の方でも抗がん剤に関する詳しい情
報が入手できる時代です。先に述べたような怪しい情報も多々あります
が、がん治療に関しては国立がんセンターが運営しているサイト[4]など
の情報は信頼できますので、ご自身や周りの方が何らかの治療法を主治
医から提案された際には、その内容を調べてみる意義は高いと思いま
す。抗がん剤とはメリットとデメリットの微妙なバランスを慎重に判断
して用いるべき薬であり、デメリットの方が大きくなる時期まで使い続
けるべきではないことを改めて強調したいと思います。進行肺がん患者
さんを対象に緩和ケアの有用性を検討した有名な臨床研究では、抗がん
剤治療中から積極的に緩和ケアチームが関わったグループと、主治医の

判断のみに委ねられたグループの治療成績を比べたところ、緩和ケア介入群の生存期間が非介入群を大きく上回る結果が示され、がん治療医に大きな衝撃を与えました [7]（これを機に世界中で「がん治療と緩和ケアを統合する」動きが加速されたのです）。その研究において、緩和ケア介入群では亡くなる２カ月前（後述のように体調が急速に悪化し始める時期）における抗がん剤の使用率は非介入群の半分に抑えられていました。このように「体調に合わせた適切な治療選択を支援する」ことも緩和ケアの重要な役割の一つです。

第三節　近づきつつある死とどのように向き合うか

　医師として、がんが進行して体調が落ちてきた患者さんに無理な抗がん剤治療を勧めないのは当然のこと（現実にそれが出来ていないケースも多いことは今後の課題）として、現場では患者さんの方から「（無理を承知で）何とか抗がん剤治療を続けて欲しい」と懇願されることも少なくありません。「これ以上がんが悪くなる（そして死に至る）」ことを何とか避けたい気持ちは分かりますが、「これ以上の抗がん剤はがんに効果がなく、身体を痛めつけるだけ」と頭では十分理解できているはずの方が、そのような判断に至る背景を考えてみたいと思います。ある程度の年齢の方にとって、「（がんに限らず）病気が悪くなれば人はいずれ死に至る」ことは自明であり、自分だけそれを避けられるとも思っていないでしょう。ただ、「死に至る過程は非常に辛い」と思うからこそ、その現実を受け入れがたいのではないでしょうか。個人的には、そのような認識にもマスメディアが多大な影響を及ぼしていると危惧しています。例えば、芸能人の方ががんでお亡くなりになった際の常套句として「壮絶な闘病の末」という文言がありますが、それを見れば「がんで亡くなる前には壮絶な辛さと闘わなければならないのか」と恐怖を感じても不思議はありません。もちろん、先述のスピリチュアルペインのように、亡くなるまでの過程において生じる辛さを全て解消することは難しいですが、適切な緩和ケアを受けていれば痛みなどの身体的苦痛やせん妄（脳

の機能が落ちて幻覚などを生じる症状）などの精神的苦痛で最期まで苦しみ続けることには絶対にならないと断言できます。現在の日本では２人に１人ががんになり、３人に１人はがんで亡くなる状況ですので、それを過剰に恐れるのではなく正しい知識を持って「自分の身にも十分起こり得ること」と備えておくことが大事だと思います。私自身、緩和ケアの有用性については地元の新聞に寄稿するなどして、極力正しい情報を発信したいと心がけていますが、どうかマスメディア自身にも扇動的ではない、科学的根拠にもとづいた情報発信をお願いしたい次第です。

　痛みなどの「身体の辛さ」を和らげることは緩和ケアの最も重要な役割ですが、それに関する大きな問題として「医療用麻薬への不理解（誤解）」が挙げられます。モルヒネに代表される医療用麻薬は、がんで生じるような激しい痛みに対してとても有効ですが、日本は長らく「人口あたりの医療用麻薬の消費量」が極めて少ない（欧米諸国の 10-20 分の１、韓国と比べても７分の１）状況が続いており、痛みへの対処については明らかに後進国です。その背景には、患者さんや一般市民のみならず医療者の間でも医療用麻薬への誤解が根強いことが挙げられ、平成 20 年から継続して全国各地で行われている医療者向けの緩和ケア研修会（PEACEプロジェクト）などでその解消に全力で取り組んでいます [(8)]。例えば「中毒になる（依存症でやめられなくなる）」「寿命が短くなる」という現象は、がんの痛みに対して「適量で」医療用麻薬を用いた際には生じないことが科学的に証明されていますし、先に挙げた肺がん患者さんのように、治療を行う前に速やかに痛みを和らげるために用いる場合もあるので「末期に使うもの」というイメージも誤解と言えます。もっとも、医療用麻薬も万能ではなく、便秘や吐き気、眠気といった副作用が生じうるため、「デメリットも正しく理解したうえで、メリットとのバランスを考えて用いる」のはあらゆる医療の基本です。

　死に至るまでの過程が辛く険しいものにはならないという安心感が得られると、「残された時間をどこでどのように過ごすか」という点について落ち着いて考えることが出来ます。いわゆる「アドバンス・ケア・プラ

ンニング（advance care planning, ACP）」と呼ばれる「人生の最終段階に向けた話し合い」のことで、厚生労働省は「人生会議」と名付けて社会に浸透させようとしましたが [(9)]、某芸人さんを用いた啓発ポスターが「不謹慎だ」とのことで早々にお蔵入りになって悪い意味で注目されました。そのポスターでは、酸素を投与されていかにも「瀕死状態」の患者さん（芸人）の心中が、「まてまて俺の人生ここで終わり？大事なこと何にも伝えてなかったわ」などと茶化した文体でつづられていたのが問題だったようですが、中身をよく読めば至極真っ当な内容であり、実際そのような状況におかれて途方に暮れている患者さん・ご家族を数多く見聞きします。話し合うべき内容としては、先述の「どこで療養し、どこで最期を迎えたいか」のほか「（体調の悪化により意識が無くなった場合など）自分の意思が伝えられなくなった際、誰に意思決定を代わって欲しいか」「心臓や呼吸が止まった際に、それを回復させる処置（心臓マッサージや人工呼吸など）を希望するか」などが挙げられます。これを見ると「リビングウィル（事前指示書）みたいなもの？」と思われる方もいるかもしれませんが、少し違います。以前はリビングウィルが患者さんの意思を尊重するために重要と考えられていましたが、米国での大規模な研究の結果、事前指示書のみでは患者さんの意思が尊重されないことが証明されてしまいました。実際に患者さんが意識不明になった際、事前指示書の場所や内容を他者が知らなければ、結局は居合わせた家族など（必ずしも患者の代理意思決定者とは限らない）の判断で救急車が呼ばれ、救命救急士や救急外来のスタッフにより（多くの末期がん患者さんは希望しない）無為な心肺蘇生が行われてしまったのです [(10)]。なので、ACP においては患者さんの意思を家族と主治医が共有し、話し合った内容を病院のカルテなどに明記しておくことが重要とされています。

進行がんの患者さんと言えど、発病からあっという間に死に至るケースはごく僅かであり、大多数は「数カ月から年単位の猶予がある」のが一般的です。しかし、亡くなる2カ月前くらいから急激に体調が悪くなり、そこから以前のように日常生活を送れるまで回復するのは難しくなりま

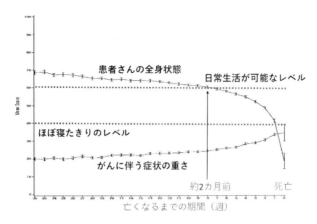

図3　進行がん患者さんの全身状態の推移（文献11を改変）

す（この点が「がん以外」の病気とは異なる特徴です）（図3）[11]。体調
が悪くなっていく最中に、家族や主治医とじっくり話し合ったり、療養
に関する諸々の準備を進めることは非常に難しいので、ACPは亡くなる
半年前から1年前の段階には始めておくべきとされます。患者さんが「い
つ頃亡くなりそうなのか」という「予後」を見極めるのは医療者の役割
ですが、一般的に緩和ケア医はがん治療医と比べて予後予測の知識と経
験が豊富なので、その点でも緩和ケアをがん治療に組み入れるメリット
は大きいと言えます。

　患者さんが望む最期の療養場所はさまざまで、日本では欧米と比べて
「病院」を希望される方が多いようです（諸外国と比べて圧倒的に入院費
が安いことも大きな要因と思われます）。入院先としては、通いなれた病
院を想定される方が多いでしょうが、千葉さんが利用したような緩和ケ
ア病棟も、落ち着いた環境で家族と過ごすには良い場所と思います。東
北大学病院の緩和ケア病棟もそうですが、個室対応であることが多く、
患者さんが寝たままでも入浴できる設備や、ボランティアなどによる各
種の催しが入院生活に潤いを与えてくれます（もちろん、健康保険の対

象となりますので法外な費用はかかりません）。ただ、そのような施設は
まだ極めて少ない（仙台市内だと４か所）ので、利用したい場合は最低
でも１－２か月前には予約をしておく必要があり、当然その前に家族とも
よく相談し、主治医から紹介状を作ってもらわなければなりませんの
で、先述のように「具合が悪くなってから準備を始めても間に合わない」
ことをご理解ください。他方、近年国が推し進めている在宅医療につい
ては、担当する医療機関や利用可能な地域が増えてきています。私は長
年勤務医として病院で臨床業務を行っており、先述の緩和ケア病棟の責
任者でもありますが、「人生の最終段階において理想的な療養場所は？」
と尋ねられたら何のためらいもなく「自宅」と答えます。自宅療養の大
きなメリットとして①住み慣れた環境で精神的に落ち着く、②生活のリ
ズム（食事や睡眠など）が患者中心、③家族にとっても「生と死」を考
える良い機会となる、などが挙げられます。①については、病院に入院
するだけで「せん妄」のリスクが増えることは知られていますし、③に
ついては、「子供に弱った患者を見せたくない」と考える家族もいます
が、個人的には「生き物である限り、いずれは弱って死を迎える」過程
に触れることで、健康であることのありがたさや限りある人生を有意義
に過ごすことの大切さが学び取れるのではないかと思います。むしろ、
死を不自然に遠ざけることによって「全ての病気は間違った生活が原因」
とか「正しい治療をすれば病気は必ず治る（病気が良くならないのは医
療者のミスのせい）」といったゆがんだ死生観を持ってしまうのではない
でしょうか。在宅医療のデメリットとして、「急変に対応できない」とい
う意見もありますが、そもそも死が差し迫った状態において心臓や呼吸
が止まったからといって慌てる必要はありません（患者さんが静かに息
を引き取ったのであれば、落ち着いて在宅担当の医師を呼べば良いので
す）。現実的に最も在宅医療の障壁となるのは先にも述べた「人手が足り
ない」ことだと思いますが、ヘルパーなどの支援で解決できるケースも
多いので先ずは MSW に相談することをお勧めします。「こんな状態では
自宅で過ごせない」と患者さん・ご家族の思いを挫けさせる医師もいます

が、その多くは在宅診療の実力を理解しておらず「病院での医療の方が優れている」と盲信しているだけです。在宅で最期を迎えられる時代に「帰れない」理由はほとんどありませんので、「抵抗勢力」に悩まされた際にも是非緩和ケア医へご相談いただければと思います。

　以上のように「最期に向けた話し合い」の重要性を述べてきましたが、それでも患者さん本人を目の前に「死」を前提とした話はためらわれるというご家族は多いかと思います。千葉さんの著書でも「死について語る」と題して、「日本人は死を考えないことによって死があたかも来ないもののように、つまり死を封じこめようとしたのでした。これは賢いはずの日本人のとった行為としては、最大の愚行、最大の幼児性の表れ、といっていいかもしれません」と厳しめの言葉が並んでいます。私が留学したオーストラリアで会った患者さん達は、（多くがキリスト教信者であったことも影響しているでしょうが）「死そのものについては怖くなく日常的に家族とも話し合っている」「ただし死に至る過程での辛さは望まないので快適（comfortable）に過ごすために緩和ケアを利用したい」と述べておられたのが印象的でした。対して、日本を含めたアジア圏では一般的に「死は忌み嫌われる」文化であり、気軽に話題に挙げづらい土壌なのだと思いますが、それでも先々困らないような心構えでいることは必要だと思います。死について十分考えない一方で、近年では若者を中心に「安楽死」を肯定する風潮が強まっていることも気がかりです。本章の講義で学生に問いかけると、「自分の人生なので死ぬことも自分の権利」「生きていても辛さしかない状況なら早く死を選びたい」などの理由から賛成意見が少なくありません。ただ、以下に示す「安楽死」の定義を十分理解して意見を述べているわけではないようで、講義の後には「現状を知って考えが変わった」と感想を述べる学生が大半です。すなわち法制化が議論されるべきは「積極的安楽死（塩化カリウムなどの致死的薬剤を投与し、患者を短時間で死に至らしめる）」や「自殺幇助（致死的薬物を患者に与えて自殺を手助けする）」についてであり、オランダやスイス、米国やオーストラリアの一部の州では既に法律で認めら

表3　安楽死が認められる要件（オーストラリア北準州の場合）

> ➤ 患者が末期状態で受け入れ難い苦痛を経験している
> ➤ 治癒不可能である
> ➤ 患者が健全な精神を保持し、熟考の末、死を希望している
> ➤ セカンド・オピニオンを他の経験ある医師に求め、主治医の医学的判断の正しさを確認する
> ➤ （主治医が緩和医療の専門家でない場合）緩和医療の専門家が患者に緩和医療についての情報を与える
> ➤ 精神科医が診察し治療可能なうつ状態でないと確認する
> ➤ 初めて安楽死希望を表明してから1週間後に、他の2人の医師の立会いで、書面で自発的積極的安楽死について「説明と同意」を得る（その2日後に安楽死が施行される）

れています。一方、オーストラリアの北準州（ノーザンテリトリー）では、医師による積極的安楽死と自殺幇助を認める「終末期患者の権利法」が1996年7月に施行されましたが、その実施においては表3に示すような厳しい条件が課せられました。結局、同法は反対意見により翌年3月には廃止されますが（現在オーストラリアで合法化されているのはビクトリア州）、その間に安楽死が行われた患者はわずか4名でした。同法の対象となるような余命1カ月前後で激しい苦痛を有している患者さんに対しては、延命治療を差し控えることで本来の死期を待つ「消極的安楽死（いわゆる尊厳死）」が日本の医療現場でも日常的に行われており、苦痛を和らげるための薬剤によって死が早まる「間接的安楽死」となっても刑事上の問題とはされません（実際には、その薬によって死が早まったかどうかの判断が極めて難しいため）。そのような状況において、あえて積極的安楽死や自殺幇助を合法化する必要があるのか、個人的には疑問に感じています。現に、より緩い基準で積極的安楽死が認められているオランダでは、国民の全死因の約4％を「安楽死」が占める状態となっており「法律で積極的安楽死や自殺幇助を認めてしまうと、坂道をどんどん滑り落ちるように歯止めが効かなくなる」という「滑りやすい坂論」

（slippery slope argument）が問題となっています[12]。超高齢で天涯孤独となった方や神経性の難病に苦しむ方などにおいては、医学的には十分な余命がありながらも生き続ける意味を見出せなくなることは想像に難くなく、積極的安楽死を一概に否定するわけではありませんが、正しい理解のもとで慎重に議論を重ねるべき案件だと思います。

おわりに

　本章では、死が間近に迫りつつある「進行がんの患者さん」への対応を中心に、がん治療と緩和ケアについて述べさせていただきました。進行がんなどの「治らない病」に罹ることは、全ての方がいつか経験する死に至る最もありふれた過程であり、「自分の身にも生じうること」として意識しておくべきと思います（がん治療は年々発展しているものの必ず限界があり、リスクとベネフィットのバランスを冷静に見極める必要があります）。千葉さんは「その日ごとの目標」と題して、「人生の最後の日々を豊かに生きる人は、たいていその日ごとの目標を持っています」と記されていますが、死が差し迫っていない状況においても、自分の終わりを意識することで今を大事に過ごせるのではないでしょうか。最後に、大腸がんのため 2021 年 6 月 30 日に亡くなられた元プロ野球選手大島康徳さんのブログに挙げられていた「この命を生ききる」という文章の一部をご紹介します。「幸せな人生だった　命には必ず終わりがある　自分にもいつかその時は訪れる　その時が俺の寿命　それが俺に与えられた運命」「病気に負けたんじゃない　俺の寿命を生ききったということだ」「その時が来るまで俺はいつも通りに普通に生きて自分の人生を、命をしっかり生ききるよ」[13]。緩和ケアは、身体と心の苦痛を和らげ、「穏やかな死」だけでなく、「より良く生きていただく（いつも通りに普通に生きる）」ことを支援する医療です。皆さんや周りの方々が、今後何かの病気でお困りの際に、是非お役立ていただけますと幸いです。

引用文献

1. 日本緩和医療学会ウェブサイト；緒言・提言（閲覧日：2021 年 9 月 8 日）
   http://www.jspm.ne.jp/proposal/proposal.html
2. がん対策推進基本計画（厚生労働省ホームページ）（閲覧日：2021 年 9 月 9 日）
   https://www.mhlw.go.jp/stf/seisakunitsuite/bunya/0000183313.html
3. 千葉敦子『よく死ぬことは、よく生きることだ』文春文庫、1990 年
4. 国立がん研究センター　がん情報サービス；がん検診について（閲覧日：2021 年
   9 月 8 日）https://ganjoho.jp/med_pro/cancer_control/screening/screening.html
5. Weeks JC, Catalano PJ, Cronin A, et al: Patients' expectations about effects of
   chemotherapy for advanced cancer. N Engl J Med 2012; 367: 1616-25.
6. Fujimori M, Shirai Y, Asai M, et al. Effect of communication skills training program for
   oncologists based on patient preferences for communication when receiving bad news: a
   randomized controlled trial. J Clin Oncol 2014; 32: 2166-72.
7. Temel JS, Greer JA, Muzikansky A, et al. Early palliative care for patients with metastatic
   non-small-cell lung cancer. N Engl J Med 2010; 363: 733-42.
8. 緩和ケア継続教育プログラム（PEACE プロジェクト）（閲覧日：2021 年 9 月 9 日）
   http://www.jspm-peace.jp/
9. 平成 28 年度厚生労働省委託事業．人生の最終段階における医療体制整備事業（閲
   覧日：9 月 12 日）https://square.umin.ac.jp/endoflife/shiryo/shiryo.html
10. Connors AF, Dawson NV, Desbiens NA, et al. A controlled trial to improve care for
    seriously ill hospitalized patients. The study to understand prognoses and preferences for
    outcomes and risks of treatments（SUPPORT）. JAMA 1995; 274: 1591-8.
11. Seow H, Barbera L, Sutradhar R, et al. Trajectory of performance status and symptom
    scores for patients with cancer during the last six months of life. J Clin Oncol 2011; 29:
    1151-8.
12. 西山美鈴ら．積極的安楽死．（閲覧日：2021 年 9 月 15 日）
    https://www2.rikkyo.ac.jp/web/taki/contents/2018/20180606.pdf
13. 大島康徳公式ブログ「この道」この命を生ききる（閲覧日：2021 年 9 月 8 日）
    https://ameblo.jp/ohshima-yasunori/entry-12684627163.html

第二部

第五章　生死の宗教文化論

鈴木　岩弓

はじめに

　「人間」と言う言葉がありますが、この言葉、「にんげん」と読むか「じんかん」と読むかで少々意味が異なります。「にんげん」と読むと「ひと」の意味、「じんかん」だと「世の中、世間」の意味となります。前者は＜個としての人間＞であるのに対し、後者は「人の間」と解すことで、複数の人の存在が前提される＜群としての人間＞社会を意味していると言うこともできるでしょう。確かに、新聞でも時々とりあげられる「孤独死」を思い起こすなら、現代の都市社会に生きる人々の中には「群」との関わりが薄い人がいることは間違いありません。とはいえそうした人であっても、衣食住の全てを他者との接触なしで過ごしてきた人はいないでしょう。つまり現代社会に生きる人間は、濃淡はあるものの、他者との関係により構成される「群」の中で生きていると言って間違いありません。

　ならば、「人の間」が成立するために、私と「間」を作るべく想定される「人」とは一体誰なのでしょう。そこにはまず、身近に生活している家族・親族・友人・知人などが挙がります。ところが改めて考えると、われわれはそうした「生者」との間でのみ生きているわけではありません。墓や仏壇に手を合わす場面を想起するなら、「死者」との間の関係性の中でも行動していることに気づきます。

　私は以前、家々の中に飾られている人物写真について調査したことがあります。その結果のうち、仏壇も含め、家の中に飾られている全ての「死者」の写真への関わり方を見ると、写真に語りかける人が62.5％もいました。さらに語りかけの内容を調べるなら、「弔いの言葉」や「お経」

よりも、「挨拶」や身の回りの出来事の「報告」や「相談事」など、あたかも「生者」に対するのと同様の語りかけが61.1%を占めていたのです[1]。この数値からは、われわれ人間は「生者」との間のみならず、「死者」との間でも生きていることが明らかになります。

　本章では、そうした「生者」と「生者」、「生者」と「死者」の間で営まれている庶民の生活を「人生儀礼」に注目して探り、その背後に底流している日本人の死生観について考えてみたいと思います。

第一節　＜いのちの始め＞

　われわれ人間の一生を個体レベルで考えた場合、＜いのちの始め＞はいつから始まるのでしょう。そのことを考えると、日本語では＜いのちの始め＞に関わる用語が、さまざまに使われてきたことが明らかになります。思いつく単語を、生物の発生段階の大凡の時間軸に沿って挙げて見るなら、受精・着床・受胎・懐妊・妊娠・出産・分娩・娩出・出生などがあげられます＜表1＞。

　これらの単語を眺めると、意味内容が漠としていたり、他の語と重複していたりして、余り厳密ではなく使われている場合も見られるように思われます。ただそうは言っても、これらが使われる時期が、母胎から生まれ出る以前か以後かの境は、明確に意識されているように思えます。この区分は、視覚的にも確認できるからなのでしょう。たとえ生殖の問題に関する科学的な知識が未熟であっても、女性の胎内で進行中の生物学的な営みを示す微妙な変化については、周囲も含め、何となくの違和感をも含んで、気づいていたのかも知れません。

　このことは、NHK放送文化研究所が2014年10月に16歳以上の男女を対象に実施した、「生命倫理に関する意識、2014」という全国調査の結果からも明らかになります[2]。これによると、「あなたは、ひとのいのちはどの時点から始まると考えますか」に対する回答の最多は、「胎児（おなかの中にいる時）」の52%でした。以下は、「胎児」の前段階の「受精卵（胚）」（23%）、前々段階の「精子や卵子」（16%）となっており、母胎か

表1　辞典に見る「出産」関連用語の意味

受精	雌雄の生殖細胞が合体して一体となる現象。
着床	①床にすわること。席につくこと。 ②哺乳類の受精卵が子宮壁に接着し、胞胚と子宮上皮との間に細胞連絡が生ずる現象。
受胎	みごもること。懐妊すること。妊娠。
懐妊	子をはらむこと。みごもること。
妊娠	女性が受精し、子宮内で発育した胎児を体内に持っていること。 みごもること。受精して分娩するまでの期間は、ふつう最終月経から280日ぐらいとされる。懐胎。懐妊。受胎。妊孕。
出産	①産物が出ること。物ができ上がること。産出。また、その物 ②子を産むこと。また子が産まれること。母体の子宮内で育った胎児と胎盤を母体外に産み出すこと。分娩。
分娩	胎内の子を産むこと。出産。お産。
娩出	胎児が生まれ出ること。
出生	①生まれでること。しゅっせい。 ②生まれた境遇や場所。また、氏素性

『日本国語大辞典』（第二版）小学館、2001年より鈴木作成

らすっかり出て来た娩出後の「新生児（生まれた後）」と答えた人は8%でしかありません。これより現代日本にあっても、＜いのちの始め＞を母胎内にいる時期から認めている人が多いことがわかります。わが国の多くの人々にとっての＜いのちの始め＞の認識は、その厳密な意味での“最初”は明確ではないものの、お腹の大きさが目立つようになってきた妊婦さんを見て、いのちを意識するようになることが一般的と考えられます。

第二節　＜いのちの終り＞

　では次に、庶民の考える＜いのちの終り＞というのはいつなのでしょう。このことを把握するにあたり、辞書を通じて確認して見ましょう。わが国最大の国語辞典と言われる小学館の『日本国語大辞典 第二版』によると、「死」の第一の意味は、

　　Ⅰ－①　死ぬこと。

　　　Ⅰ-②　生命がなくなること（下線部は引用者。以下同様）。

　　　Ⅰ-③　生きる機能を失うこと。

　　　Ⅰ-④　ものごとの死んだようなさま。

が挙がります。Ⅰ-①について明らかにするためには、「死ぬ」という動詞の意味を確認しなければなりません。すると「死ぬ」には

　　　Ⅱ-①　息が絶える。

　　　Ⅱ-②　命がなくなって、この世から去る。

　　　Ⅱ-③　亡くなる。

という意味が挙がってきます。つまり「死」や「死ぬ」の語には、「生命」「命」や「息」が、「なくなる」ことが含意されているのです。そこでさらに、「生命」「命」の初めに出てくる意味を調べてみると、

　　　Ⅲ-①　人間や生物が生まれてから死ぬまでの、生存の持続。

　　　　　　継続されるべき、ただし限りのある生の力。

　　　　　　生命また寿命。

　　　Ⅲ-②　生まれてから死ぬまでの期間。

　　　　　　生涯、一生。

とあります。また「息」については、以下に見るように呼吸などの意味の後、Ⅳ-④とⅣ-⑤の中に「息」の語が象徴する意味が出てきます。

　　　Ⅳ-①　口や鼻を通して吐いたり吸ったりする気体。呼気と吸気。

　　　Ⅳ-②　空気を吐いたり吸ったりすること。呼吸。

　　　Ⅳ-③　音声学で声帯の振動を伴わない呼気。

　　　Ⅳ-④　勢い。気配。

　　　Ⅳ-⑤　命。いきのお。

つまり「死」において「なくなる」ものは、「生存の力」「勢い」などであったわけです。ここから明らかになる「死」の第一の意味は、＜生きていくためのエネルギーがなくなること＞とまとめることができます。

　さらに注目すべきは、Ⅱ-②にある「この世から去る」という意味です。ここで去る主体は何かというと、「死者」もしくはⅣ-⑤の「息の緒」にも通じる「死者の魂」となります。また「この世」からどこにい

なくなるかと言うと、「この世」ではない世界、即ち「あの世」と言うことになるのでしょう。従って「死」の第二の意味は、＜「この世」から「あの世」へ移動すること＞であるといえます。このことは、「死」をオブラートに包んで意味する慣用表現からも明らかです。かかる例として以下のようなものが思いつきますが、いずれも「どこかへ移動する」ことが含意されていることが確認できるでしょう。

　　　身罷る／お隠れになる／逝く／逝去／死去／世を去る／鬼籍に入る
　　　あの世に行く／天に召される／冥土へ旅立つ／不帰の客／死出の旅
　　　三途の川を渡る／先立つ／旅立つ／帰らぬ人／幽明境を異にする
　　　黄泉の客となる／泉下の人となる／空の星になる／千の風になる

　以上のように見てくると、＜いのちの終り＞というのは、何らかの事情で生きていくためのエネルギーが無くなり、そうした状態の魂が「この世」から「あの世」へ移動することによって引き起こされることとなります。あるいはもっと厳密に言うなら、エネルギーが無くなった瞬間が「死」となるのでしょう。

第三節　人生儀礼の諸相

　われわれ人間は、＜いのちの始め＞から＜いのちの終り＞までの一生の間、さらにはその前後の時期をも含めて、多くの儀礼に関わります。具体例を思い浮かべるなら、それらは毎年同じ時期に繰り返し行われる「年中行事」と、人生の節目に行われる「人生儀礼」に大別できます。前者は暦に則った＜公的時間軸＞の中で営まれますが、後者は原則的に、個人の生死を起点にした経過時間、いわば＜私的時間軸＞に基づいて執行される点に特徴があります。

　本節では、「人生儀礼」の意味に着目することで生死の問題を考えることにしましょう。とは言え「人生儀礼」は、社会変動の中にあって、時代と共に常にその姿を変化させています。そこでまず少し前の時代のわが国の人生儀礼の状況を把握することから始めましょう。ここで参考にするのは、私が1970年代半ば頃から始めたフィールドワークの中で聞こ

えてきた伝統的「人生儀礼」で、その当時の老人が経験してきた、戦前からわが国経済の高度成長期の終わり頃までの慣行です。ここではそれを、「生の儀礼」と「死の儀礼」に分けて見ていきましょう。

3.1 「生の儀礼」

「人生儀礼」は、厳密には＜いのちの始め＞以前に始まります。それは、子どもが欲しい人が神社仏閣・仏堂小祠などに詣でて妊娠を祈願する「子授け祈願」です。対象施設の多くは出産から子育てに関わる「子安信仰」全般に力があることが多いのですが、この祈りがなされる参詣時期は特に決まっていません。「子作り祈願」ではなく「子授け祈願」と言われる前提には、いのちは人智を超えた何者かから「授け」られるものとする理解があったことがわかります。

妊娠後、五ヶ月目の戌の日には「帯祝い」があります。この時には安産にご利益・ご神徳がある宗教施設へ参拝し、出産の無事を祈ります。かかる施設は、全国規模で参詣者を集める大規模な神社仏閣から、近隣の人々のみが参集する小規模な神社仏閣・仏堂小祠、さらには地区内の石仏や子持ち石[3)] のような素朴な信仰対象まで、規模はさまざま見られます。神社や仏閣の場合では、ご祈祷をすますと御札やお守りと共に腹帯が授与されますが、この腹帯、次第に大きくなる妊婦のお腹に巻いて安定させ保護するためと言われます。またこの参拝をすませたことを契機にして、その女性の妊娠が公になり、社会的に＜いのちの始め＞が認知されることともなります。

こうして出産を迎えるのですが、中国のことわざの「出産は閻魔大王と紙一重」が示すように、出産の前後は母子共々にとって生死に関わるトラブルと近接した危険な時期と考えられ、慎んだ生活が求められます。その際わが国の伝統社会の一部では、＜いのちの始め＞を軽々に認めず、その子が安全に生きていけると判断できるまで、その認定機会を遅らす行動様式も併存していました。命名行事である「お七夜」は生後七日目に行うことが多く、生まれた子どもの名前を書いた半紙を神棚な

どに貼ってその誕生を公示して祝います。その際、誕生から一週間の時間差が設けられる点には留意する必要があります。そのように時間が空けられる理由は、「死亡率」の下位概念として、現在もなお「新生児死亡率」の語が活きていることからも推察できるでしょう[4]。この語は出生件数1000あたりの生後28日未満の死亡数を示す統計用語なのですが、その使用の裏には、出産直後に亡くなる赤ん坊が多かった歴史が潜んでいます。誕生直後に名前を付けて＜いのちの始め＞を確定しても、すぐ亡くなれば固有名詞で呼ばれる紛れもないその子の「死」が記憶されてしまいます。一週間おいて名付けをする習俗は、万が一の悲嘆を多少とも軽減する生活の知恵だったのでしょう。また「七歳までは神の子」と言う言説も聞かれました。この言説は近代から始まったとの指摘もありますが[5]、医療体制が万全でない時代には新生児のみならず、乳児や児童の死亡も多かったことから、そうした幼子の早世可能性を踏まえた上での安全弁が用意されていたことが窺えます。

　生後30日頃には、地区の氏神へ「初宮詣」に行きます。生まれた幼子を氏神に引き合わせ、誕生報告をすると共に今後の守護を祈願する目的としてです。参詣時期には幼児の性差による違いの他、母親と幼子の違いもあり、「産の忌み」からの回復力の差を根拠に、ケガレを嫌う氏神参拝の時期を違えているものと考えられていました[6]。

　誕生100日目は「お食い初め」「百日の祝い」「百日」などと称し、親戚などを招いて家庭内で祝う行事が行われます。この頃はちょうど乳歯の生え始めであることから「歯固め」とも呼ばれますが、専用の茶碗や箸を用意し、一生食べることに困らないようにとの願いをこめて食事の真似事をします。また歯が丈夫になるようにと、石を食ませる所作をする場合もありました。

　それまで短い間隔で繰り返されてきた「人生儀礼」は、その後次第に間隔をおいて「初誕生」を迎えます。その間には「年中行事」として「桃の節句」や「端午の節句」などもありますが、それらは＜公的時間軸＞の暦に則った儀礼となります。満一歳を迎えると、それまでの「乳児」

から「幼児」へと呼称が変わりますが、前述した「新生児死亡率」の語と同様、「乳児死亡率」の対象となる可能性もあったことから、「初誕生」を無事迎えられたことは、家族にとって大きな喜びでした。

　この時に行われる祝いでは、これからのわが子の人生を展望しての「一升餅」や「選び取り」が行われます。「一升餅」は一歳を迎えた子に、餅一升を風呂敷に包んで背負わせるという習俗です。満一歳というと、掴まり立ちから二足歩行が始まる頃です。そうした時、背中に一升、約2kgの餅を背負わすのですが、転んで泣き出す子が多く見られます。しかし転ばずにしっかりと立つ場合には、敢えて転ばすとする所もあります。その行為の裏には、稲作農耕民として定住生活していたわが国伝統社会の庶民にとり、生まれ故郷を離れる、すなわち田圃を捨てて他所に出ることはイエを絶やすこととして忌避すべしとする価値観が影響していました。一升餅を背負っても倒れない子どもは、足が強いので故郷やイエを捨てる恐れがあると考え、それを阻止するために転ばせたのでした。また「選び取り」は子の将来をさらに具体的に占う習俗で、赤ん坊の前に算盤・筆・ハサミなどを置き、そのどれを取るかでその子の将来を知ろうというものです。算盤なら経済的に不自由しない、筆なら学問ができる、ハサミなら裁縫が上手いと解すことで将来を見通そうとする、余興めいた占いと言うことができます。

　その後の「人生儀礼」はさらに間遠となり、個人の年齢に応じて行われます。中には「七五三」（11月15日）や「十三詣り」（旧暦3月13日）「成人式」（成人の日）のように、「年中行事」で決まっている日に行うものも見られますが、「結婚式」は年齢とは無関係に行われます。結婚後になると、「厄年」と「歳祝い」以外の「人生儀礼」は見られなくなります。「厄年」は若い頃から複数ありますが、そうした年齢は社会的にも体力的にも災厄に見舞われる可能性が高い年齢と考えられており、それを避けるために「厄払い」を行います。中でも生涯の大厄とされる女性の33歳、男性の42歳は転機を迎え易い年齢と考えられてきました。前者は「散々」後者は「死に」と読めることからこの年齢は注意すべき年と考

え、神社仏閣に参拝して「厄払い」をする習俗が広く見られます。また「歳祝い」も、＜私的時間軸＞に基づいて「還暦」（60歳）、「古希」（70歳）喜寿（77歳）傘寿（80歳）米寿（88歳）卒寿（90歳）白寿（99歳）と続き、家族親族などで長寿を祝う機会となっています。

3.2 「死の儀礼」

Man is mortal. と言われるように、どこにあっても人は亡くなります。そのため人の「死」に対応した「死の儀礼」には、地域の生活習慣に応じた異同が多々見られます。一例をあげるなら、東北地方では当たり前のように見られる慣行として、葬儀以前に遺体を荼毘に付し、葬儀時の祭壇には遺骨を安置する「骨葬」があります。しかしこの習俗は全国的には普及しておらず、これを知らない他地域に住む親戚が、いざご遺体のお顔を拝見しようとしたらもう骨になっていたことに驚き、なぜ葬儀前に焼いたのだとトラブルになることもあると言います。そうした地域差があることを踏まえた上で、以下では「死の儀礼」の典型的な流れを見ていきましょう。

　わが国において、医療機関での死亡数が自宅での死亡数を上回ったのは1976年のこと。それ以前までは、自宅で臨終を迎え、「死の儀礼」自体も自宅で行うことが一般的でした。臨終が確認されると、遺体は「死者」として扱われ、「枕直し」と呼ばれる遺体の安置がなされます。この慣行は釈迦入滅時が「頭北面西」であったとの言説に基づいており、遺体は北枕に寝かせ、さらに顔を西に向けることもあります。この例に見るように、わが国の「死の儀礼」は、仏教の影響を受けた形で展開してきました。その背後にはとりわけ、江戸時代の幕藩体制が仏教を活用し、檀家と檀那寺の関係を永続的に固定化させる中で人々を支配する体制が維持されたという、わが国特有の歴史が作用しています。

　「枕直し」がすむと、枕元に「枕飾り」が用意されます。そこには、故人の茶碗にご飯を山盛りにし、真上から箸を一膳突き立てた「一膳飯」「枕飯」を供えます。また屏風を上下逆に立てる「逆さ屏風」のように、

日常とは異なる「逆さごと」と呼ばれる行動様式がところどころに見られます。例えばぬるま湯を作る際に水に湯を加える「逆さ水」や、「死に装束」を作る際に糸尻を結ばないなど、普段と逆の行動をあえてする点からは、＜いのちの終り＞の非日常性が可視化されます。

　葬儀前夜は「通夜」「本通夜」と呼ばれ、僧侶の司祭のもとに読経や焼香が行われ、文字通り「夜伽」が行われました。現在は「葬儀・告別式」と一体化して呼ばれますが、従来「葬儀」は遺族や近親者が参加して故人を弔う宗教的儀礼、「告別式」は故人の友人・知人が別れを告げる社会的儀礼として別立てで行われていました。特に土葬時代には、葬家から墓まで葬送行列を組んで遺体を運ぶ「野辺送り」が告別の機会となっていましたが、火葬時代になると「告別式」へ代替されたと言うこともできます。「葬儀・告別式」を行う日を決める際、とりわけ留意されるのは六曜に基づく「友引」の忌避です。「友を引く」と読めることから、この日の葬儀は故人の友人の中から次の死者を生むと考えられるため葬儀はなされず、関連して火葬場は休業日となることが一般的です。

　火葬の受容が進むに従い、遺骨を墓へ埋納する時期には自由度が増しましたが、土葬時代では葬儀後、引き続き遺体を墓に埋納することが通例でした。従って遺体埋納以降の「死の儀礼」は、＜死者の霊魂と肉体＞から＜死者の霊魂＞へと力点のおき方が変化します。遺体や遺骨が納められて遺体処理が完了された後には、初七日、つまり一七日、二七日、三七日、……七七日の「四十九日」まで、七日ごとに七回の法事が行われます。

　その後は「百ヶ日」があり、死後一年目の命日が「一周忌」、二年目の命日が「三回忌」となります。その後は下一桁が三、七の年を中心に年忌法要が行われます。中でも三十三回忌もしくは五十回忌は、「弔い上げ」「トイドメ」などとも呼ばれ、当該故人の最終法事とされます。つまりこの時までは固有名詞をもつ「死者」の法事として執行されてきましたが、この時をもって故人の霊魂からは死のケガレが落ちて清らかになったと見なされます。そして以後は、そのイエの先祖代々の霊魂と融

合して「先祖」や「祖霊」と呼ばれるようになり、個別の法事は行われなくなります。五十回忌の次は百回忌なのですが、対面経験のある死者の百回忌を実施する施主は、若くても 105 歳以上でないと難しいでしょうから、その執行は現実的には難しいと言わざるを得ません。とはいえ弔い上げ後は、「先祖」と呼びさえすればその固有名詞を忘れても差し支えないため、対面経験のない先祖の弔い方法としてなかなか上手いシステムを日本文化は伝えているようにも思えます。

第四節　人生儀礼は何のため

　これまで述べてきた「生の儀礼」と「死の儀礼」を見ると、面白いことに、誕生後の儀礼と、死後の儀礼を執行する時期が、生の起点、死の起点からほぼ似かよった時間経過の中で行われていることがわかります。さらに言えば、儀礼が集中するのは誕生・死亡から 100 日ぐらいまでのところで、それ以後は年単位となってその間隔が次第に間遠になる傾向も窺うことができます。ここに書かれた儀礼の内容を想起するなら、「生の儀礼」は生まれ落ちた社会の一員となるために、個人が地位や役割を取得していく過程でおこなわれる儀礼であり、「死の儀礼」は故人の生前の地位や役割、そしてその個性が希薄化されていく過程において行われる儀礼と見なすことができます。かかる状況を対比して示したのが、＜表 2 ＞です。

　民俗学者の坪井洋文は、こうした生死の＜人生儀礼＞の時間経過の類似性に注目し、そうした時期に儀礼が行われることの意味を考える中から、伝統的社会における日本人の死生観について明らかにしました[7]。彼は、日本人の一生に見られるさまざまな儀礼を「成人化の過程」「成人期」「祖霊化の過程」「祖霊期」に四分割し、それらを X 軸と Y 軸で構成される座標面の第一象限から順に位置づけていきます。そこで作られたのが＜図 1 ＞で、X 軸の右端に「誕生」、左端に「死亡」を配し、Y 軸の上端に「結婚」、下端に「弔い上げ」を位置づけ、それぞれの期間に行われる儀礼が円弧の外側に書き込まれています。これを見ると＜表 2 ＞で

表2　生の儀礼と死の儀礼

生の儀礼	経過時間	死の儀礼
＜誕生＞	0	＜死亡＞
お七夜	1週間	初七日
初宮詣	30日頃	
	35日	五七日
	49日	七七日
百日	100日	百か日
初誕生	1年	一周忌
七五三	3年	三回忌
七五三	5年	
七五三	7年	七回忌
十三参り	13年	十三回忌
女の生涯の大厄	33年	三十三回忌
男の生涯の大厄	42年	
	50年	五十回忌
還暦	60年	
古希	70年	
喜寿	77年	
米寿	88年	
白寿	99年	

＊「死の儀礼」における「回忌」は、亡くなった命日が「一回忌」で、数えの年数（亡くなって
からの満年数＋1）を意味します。亡くなって丸二年目に行う「三回忌」は、これから足かけ
三年目を迎えると言う意味です。同様のことは「生の儀礼」の「七五三」「十三詣り」につい
ても該当します。この表の「経過時間」には、「数え」と「満」が混在する場合があり、一
見、儀礼名の数字とズレが生じているように見えますこと、ご留意ください。

見た流れが、円の中心から円弧に向けて書かれた線の多寡が示す濃淡で
示されており、誕生直後と死亡直後、第一象限と第三象限の「成人化の
過程」と「祖霊化の過程」の最初期において密に儀礼が行われているこ
とが一目瞭然になります。
　坪井は成人化および祖霊化の時期に多くの儀礼がおこなわれる理由
を、それら当事者の霊魂の状況から説明します＜図2＞。彼はまず、こ
の世に産まれて間もない霊魂は、生まれたばかりの新たな世界での生き
方がわからない「霊魂不安定期」にあると考えます。その際、不安定な
状態の霊魂を落ち着かせるのに力を発揮するのが「人生儀礼」だという
のです。もちろんその霊魂自身は儀礼の準備ができませんので、当人の

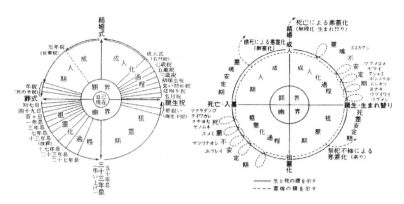

図1　日本人の一生と儀礼の関係
坪井洋文「日本人の生死観」『民俗学からみた日本』
河出書房新社、1970年より

図2　坪井洋文による日本人の生死観
坪井洋文「日本人の生死観」『民俗学からみた日本』
河出書房新社、1970年より

　周りにいる人々が中心となって儀礼を実施するのです。こうした儀礼を
繰り返すうちに霊魂は次第に安定し、「結婚」以後には「成人期」つま
り、人としての「霊魂安定期」を迎えると考えるのです。少し以前まで
は「結婚して一人前」などの言説が聞かれたのですが、伝統的社会では
「結婚」を節目として一丁前と見なす価値観が強かったと思います。この
時以後は霊魂が安定しているために儀礼を行う必要が少なくなり、そこ
で行われる儀礼は「歳祝い」程度で、数は多くありません。しかし死を
迎える段になると、亡くなったばかりの霊魂も幽界における死に方が分
からず、「死霊不安定期」を迎えることになります。そうした死霊を落ち
着かせるため、残された人々は葬儀後も一週間ごとに法事をするなどし
て死霊の安定化を図るわけです。その後儀礼は間遠になり、「一周忌」
「三回忌」……となって「三十三回忌」もしくは「五十回忌」の儀礼をす
ませば、以後は「祖霊期」となって「死霊安定期」を迎えると考えられ
ます。
　以上のように、坪井はわれわれが「人生儀礼」を行う理由を、「不安定
期」にある霊魂や死霊の安定化のためとの解釈を提示しました。確か

に、この解釈がなされる前提からは、われわれ人間が「生者」と「生者」のみならず「生者」と「死者」との間でも生きているという理解の存在が再確認されることにもなります。庶民の間にみられる死生観においては、「生の世界」と「死の世界」は、決して断絶されたものではなかったと言うことができます。

　なお＜図１＞＜図２＞に見るように、坪井は円環の中に「人生儀礼」を配置して整理しましたが、第四象限の「祖霊期」、その中でもよりＸ軸寄りになると「生まれ替り」が設定されています。そのため「祖霊期」も時間が経てば第一象限の「成人化過程」に再生し、次の「生」を生きていくと考えられています。果たして「生まれ替り」が同じ平面の元の家族の中に実現するか否かは不明ですが、私個人としては前世とは異なる次元で「生まれ替り」が実現するような螺旋構造をとるとの理解ができれば、より拡がりが出てくるようにも感じています。いずれにせよ、坪井のまとめた日本人の死生観は、ある意味柳田國男の始めた日本民俗学の知見を手掛かりに整理し直したわが国の「伝統的死生観」で、それは顕界と幽界との一元的な循環の上に、ほぼ四つの段階を経て構築される社会的・儀礼的・霊魂的側面から枠付けされた「円環的死生観」であったと言うことができると思います。

第五節　現代日本の「生」と「死」

　「死生観」というのは、生き方や死に方に関する考え方を意味する用語ですが、さらには何れ訪れることとなる自己の死を見据えてどう生きるかといった個人の覚悟をも包摂した観念です。それが故に死生観は、自己が生きて行く時代背景の影響を受け、常にミクロ・マクロな変化の中に形成されてきました。かかる変化の要因としては、社会構造の変化、産業構造の変化そして価値観の変化など、さまざまな領域における個別変化が想定されるだけでなく、それら変化が相互に連関する中でさらに大きな変化の波を形成してきたことが想定されます。

　前節・前々節においては、わが国の伝統的な「人生儀礼」を手掛かりに

伝統的死生観についてみてきましたが、本節では変化の荒波の中でその姿を微妙に変えている現代社会における死生観の状況についてみることにしましょう。その手掛かりとして、厚生労働省が主導する形で出してきた人の生き死にに関わる法律に伴う動向は、一般社会の人々が、大きなインパクトを受けた分野として看過できないものと考えられます。そうした法律が生まれる背後には、医療分野における新たな知見や新たな技術革新がもたらしてきた情報があることは間違いありません。ある意味そうした自然科学的知見が、わが国の社会的規範を作る上で活かされてきたわけですが、他方でその動向が社会の中で生活を送る人々の観念を微妙に変化させているのだと思います。本節ではそうした観点に立って、医療や法律の領域の動向が、一般の人々にもたらした死生観の変容を見ることにしましょう。

5.1　「生」をめぐる動向

　＜いのちの始め＞に関する議論を考えるなら、1948 年に公布された「優生保護法」は、戦後のいのちのあり方を考える上で大きなインパクトがありました。これは優生思想を含んだ法律であることから、障害者に対して本人の同意なしに中絶や不妊手術をさせる条文があり、数年前から国家賠償請求がなされていますので、ご存知の方も多いでしょう。また関連して、この法律が出された戦後間もなくの混乱期には、「団塊の世代」を誕生させた過剰人口問題がありました。いわゆる、「ベビーブーム」です。戦前までは「産めよ、増やせよ」と多産が奨励され、中絶は「堕胎罪」として禁止されていたのですが、戦後になって人口抑制が課題となったことから、母胎保護を理由に人工妊娠中絶が合法化されることとなったのです。いのちと認定されている時期に中絶が行われればそれは殺人となりますので、妊娠中絶が可能となるのは、胎児が人のいのちと認定されていない時期に限られます。

　「優生保護法」は、1996 年に優生保護思想に関わる条文が削除されて「母体保護法」とその名が改められましたが、この法律で人工妊娠中絶を

可能と認めるのは「胎児が、母体外において、生命を保続することのできない時期」（第一章第二条第二項）とされています。つまり胎児が独立しての生存可能性をもたない時期ならば、母体内においてもいのちとは認められないという判断となります。その際に問題となるのは、「生存可能性をもたない時期」をいつと考えるかという点です。1953年6月の厚生事務次官通知「優生保護法の施行について」では、妊娠中絶が認められる具体的な時期を「通常妊娠8月未満」としていました。しかしその後の医療技術の進歩に伴い、1976年1月には「通常妊娠7月未満」、1979年1月には「通常満23週以前」、さらに1991年1月からは「通常満22週未満」と、その時期が次第に早期化されていきます。その結果現在「生育限界」として設定されている満22週は、「母体保護法」における＜いのちの始め＞の時期と解され、満22週未満の早産では生存可能性がないことを根拠に、人工妊娠中絶が認められる期間となっています。逆に言うなら、満22週未満は人とは認知されない時期であることから、仮にこの期間中に早産したとしても新生児医療の対象とはならず、救命措置は原則的に行われません。ところが現実には、満21週で出産した後に救命措置がなされ、無事成長したとする例が日本国内において確認されているのです[8]。この事例からは、まずは＜いのちの始め＞の認定時期には個体差がある現実が示されています。さらに妊娠中絶が認められる時期が早期化している動向からは、＜いのちの始め＞の認定が受胎後のいのち自体の状態から判断されているのではなく、そうしたいのちに対する、対応可能な医療技術があるか否かの点から決められてきたことが明らかになります。

　また他方で戦後には、生殖補助医療などと呼ばれる体外受精・顕微授精などの不妊治療法も盛んになり、出産を推進する立場からの技術革新が進んできました。このような流れの中で活用されるようになってきたのが超音波を活用して胎児の状態をチェックする「超音波診断法」です。この診断が産婦人科で利用された最初は1966年で、臨床活用が始まったのは1975年のこととされます[9]。以後、母の胎内にいるいのちが可視化

写真1　エコー写真を用いた胎児の供養

される時代を迎えます。その画像は時代と共に精度が上がり、動画で見られるようになった後には、3D、すなわち立体画像となり、さらに現在では4D超音波技術で確認されるようにもなっています。

　かかる胎児の可視化技術の躍進は、診断上の利便性の問題を離れ、バーチャルな親子関係の開始を導くこととともなりました。現在では誕生前から胎児のことを誕生後の名前で呼ぶケースが65％に上るとも言われており、また胎児期に用いる「胎児ネーム」も盛んに用いられるようになっています。かかる動向の背後には、胎児の可視化の進行が大きく作用しているであろうことは容易に想像できるでしょう。

　それが故に、万が一その胎児が流産や死産した場合には、誕生後の個性ある死者に対するのと同様の供養がなされることも珍しくはありません。死者供養がなされる宗教施設において、現在では亡くなった胎児のエコー写真が奉納されているのを眼にすることも時々あります＜写真1＞。

現在では、超音波診断は妊娠初期から用いられていることから、＜いのちの始め＞に対する人々の認識も、以前と比べてかなり早くからもたれるようになってきたのです。それに伴い、出産以前に起こってしまった胎児の＜いのちの終り＞は、その可視化された姿に接してきた人々にとって、出産以後の子どもと変わらぬ＜いのちの終り＞と考えられることとなり、従来までは想定されて来なかった新たな次元の悲しみを生むこととなっているのです。＜いのちの始め＞の早期化が進行する中で、人としての個別化も早期からなされるようになって来たと言うことができます。

5.2 「死」をめぐる動向

　一般の人々にとり、＜いのちの終り＞に関する判断を下すことは、＜いのちの始め＞の判断に比べたら容易なことであったものと思われます。「死」の直前までは、必ず「生」の中に位置づけられているため、「生」と「死」の違いが可視化された中で分かり易かったと言うこともできます。人が集団生活を送る中では、新たないのちの誕生のみならず、亡くなる人が身近に出ることも珍しいことではなかったことでしょう。かかる生活を送る中、人はどのような状態になると生き返ることがないのか、「死」とはどのような状態なのかなどといったことを、長年の＜経験則＞を通して知るようになったのだと思います。こうした判断の集大成とも言うべき「死」の要件こそ、心臓停止・呼吸停止・瞳孔散大の「死の三徴候」をもって死を決定する「死」、いわゆる「心臓死」であったのです。三徴候は、ある意味医療関係者でなくても判断可能であることから、日本のみならず多くの国々においても採用されてきた、少し前までの「死」の判断基準でした。

　「心臓死」を人の「死」と考えてきた時代が長く続いてきた中、大きな変化がもたらされることとなった契機が「脳死」の登場でした。ちなみに「心臓死」の語自体は、「脳死」が登場したことで誕生することとなった用語で、以前までは「死」と言えば今でいう「心臓死」のことを意味

していたのです。

　わが国では、1968 年に初の心臓移植手術が実施されて以降、臓器移植推進をすることと関連して「死」の認定基準を考え直す動きが始まりました。その結果、1997 年 10 月から施行された「臓器移植法」により、「臓器移植を前提とするなら」という但し書き付きで、新たな「死」として「脳死」も人の「死」として認められることとなりました。もちろん、臓器移植を前提としないなら従前までの「死の三徴候」が死の認定根拠になるわけですので、この時以後の日本には二種の基準による「死」が併存することになったわけです。

　「脳死」を人の「死」と認めることに対する妥当性を巡っては、この法律の出る十年以上前から動きがありました。それは 1985 年 12 月、脳死判定基準の検討のために厚生省が 1983 年に設置した「脳死に関する研究班」（厚生省研究班）が、二年余りの活動成果を報告書として提出したことでした。後に、いわゆる「竹内基準」と呼ばれる脳死を推進するための判定基準です。ところが「竹内基準」が出される一月前、立花隆が「脳死」という記事を同年 11 月刊行の『中央公論』（11 月特大号）に発表し、脳死判定基準のみならず研究班のあり方などについての批判を行いました＜写真 2 ＞。その後彼は、他の記事もまとめて『脳死』（中央公論社、1986 年）や『脳死再論』（同、1988 年）を刊行しましたが、そうした立花の活動は、それまで「死」の認定基準といえば「死の三徴候」と理解していた多くの人々に対し、今後も「心臓死」で良いのか、あるいは「脳死」を新たな「死」の基準と考えるのかと、その決断を迫ることでもあったのです。「脳死」が登場する以前の庶民にとって、「死」というものは真理、あるいは科学的事実としてわれわれがあずかり知らぬところで厳然と存在しているものであって、個人個人が詮索して自由に選択できるようなものとは思っていなかったのです。そのため、あらためて「死」の基準に対する判断を突きつけられた人々は、「え、死って個人が選べるようなものだったの?!」と、逆に驚いてしまったわけです。

　「死」の認定基準をめぐる議論は、1997 年に「臓器移植法」として成立

写真2　立花隆「脳死」収録の『中央公論』

しました。しかし15歳未満の脳死後の臓器提供はできなかったため、寄付を募って海外で臓器移植を行おうとする子どもが後を絶ちませんでした。そうした風潮に対し、2008年に国際移植学会から自国での臓器移植の推進が求められることとなったため、わが国ではそれまでの問題解決が図られ、「改正臓器移植法」が2010年7月17日に施行されました。以後、運転免許証の裏面には「臓器提供意思表示欄」が設けられるようになりましたが、それにより現代人にとっての「死」は、より"見える化"されることとなりました。もしも臓器提供をする場合は、「脳死後及び心臓が停止した死後のいずれでも」もしくは「心臓が停止した死後に限り」のどちらかを選択できることとなったからです。つまり現代の我々は、自己の「死」を複数ある「死」の中から自分の意思で選択できる時代を生きていることになるわけです。

5.3　「生」「死」は文化の産物

　以上見てきたように、＜いのちの始め＞も＜いのちの終り＞もその認定基準にはそれぞれ諸説あって、地域や時代を異にすれば、一つの判断基準が恒常的に人類に共有されてきたわけでないことが明らかになりました。このような事実がさまざま見られるようになってくると、われわれ人間が社会生活を行っていく際に考える「生」や「死」は、自然科学で志向している科学的真理や哲学で探究していく絶対的真理とは少々次元の異なる問題であることが明らかになってきます。その点はとりわけ、「死」をめぐる動向、とりわけ「脳死」が登場して人の「死」の基準が従来と変更されたことに伴なう動向の中で明らかになります。

　例えば、陸続きの国境を挟んだＡ・Ｂ二つの国があったとします。折しも、脳死を人の「死」と採用したばかりのＡ国と、未だそれを認めないＢ国とのちょうど国境線上で交通事故が起こったとします。その事故被害者がその後に脳死状態と判定される人であったとすると、Ａ国・Ｂ国どちらの救急車が先にやって来て病院に収容するかによって、その人が生者として扱われるか、死者として扱われるかの運命が決まってしまうことになるのです。その被害者の症状は変わらないのであるにも関わらず、です。またさらに、これがＡ国で脳死を人の「死」と認める前日の話であるなら、その事故被害者は生者として入院し、治療を受けていたはずであったのです。それが翌日、脳死を人の「死」とすることが決められた日になると、死者として扱われることになってしまうのです。

　こうしたシミュレーションを通して見るなら、「生」も「死」も、客観的・絶対的な真理として想定されているわけではなくて、あくまで人が生きていく際の一つの行動様式、「文化（way of life）」として了解されている問題であったわけです。例えてみるなら、線としての時間軸上に描かれている人の一生の、どこに「生」と「死」の点を打ち込むかという、まさに生物が営んでいる生死の時間の流れの中に、点を打って秩序化する中から誕生してきた生死こそが、文化としての生死だと言うことができるのです。

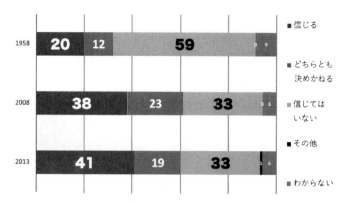

図3　あなたは「あの世」というものを、信じていますか？
（統計数理研究所「日本人の国民性調査」の結果比較より）

おわりに

　見てきたように、現代社会においては社会構造の変化、産業構造の変化そして価値観の変化など、さまざまな領域における変化の荒波が押し寄せており、それら変化が相互に連関する中でさらに大きな変化の波が形成されてきました。そうした中では科学的合理的思考をすることが良しとされ、非合理的な思考を排除する風潮が強くなって、「世俗化」と呼ばれる宗教の衰退状況が、日本においても作り出されて来たということもできるでしょう。

　かかる時代の流れにあって、「死んでしまったらそれで終わりさ」、という言説を聞くことは確かにありました。つまり、生きているわれわれの世界のみが真の世界で、死後の世界など存在しない、といった現世中心的思考法に立った死生観と言って良いでしょう。かかる考え方に立つならば、死後世界の存在は認められず、坪井洋文が指摘してきた円環的死生観の下半分が存在しない、いわば直線的死生観、つまり坪井の円環のうちの上半分、「生」の世界だけで構成される直線的死生観の時代を迎えていると言うこともできるかもしれません。

　しかしそうした中、例えば＜図3＞の統計数理研究所の調査などから

は、興味深い結果が見出されます。これは「あなたは『あの世』という
ものを、信じていますか？」という質問に対する回答を、高度成長期を
迎えた頃とその半世紀後とで比較してまとめたグラフです。その結果こ
の半世紀の間に、「あの世」を「信じる」と肯定的回答をした人が倍増
し、「信じてはいない」という否定的回答をした人が半数近くにまで減少
していることが明らかになります。この半世紀の日本は、まさに近代化・
合理化・都市化といったさまざまな変化の荒波が押し寄せていたはずです
ので、こうした宗教や信仰に親近性をもった傾向は少々奇異にも思われ
る結果でしょう。ただその際、ここで「信じる」を選択した年齢層は、
1958年では老年層中心であったものが、半世紀後の調査では若者層が多
いという結果も出ています。とするなら、老人が伝統的な円環的死生観
をもち、若者の死生観が直線的死生観を推進しているとは、一概に言う
ことはできないことになるのでしょう。ならば、現代日本の死生観は如
何なるものと言ったら良いのでしょうか。

　わが国における「死」に対する議論は、90年代を過ぎる頃から加速度
的にオープンになってきました。そもそも私が大学院生時代の70年代半
ば頃の時代では、「死」と言う言葉が社会の前面に出ることはもちろん、
そうした話題を出す機会も殆どありませんでした。たまたま調査地で地
元の方から「鈴木さんは何の研究をやっているの？」と聞かれた際、不
用意に「死に関する研究」と答えたことがあったのですが、その直後、
場の空気は凍り付き、その後の会話が上手く進まなくなった苦い経験が
あります。その頃の日本は、「死」に関わる縁起の悪い話をすることを忌
む、フィリップ・アリエス（Philippe Ariès）の言葉でいう「タブー視され
る死」の時代だったと言って良いのでしょう[9]。

　そうした状況が大きく変わりだしたのは、印象論的に言うなら1990年
代になってからでした。＜いのちの終り＞を所与のものと考えるのでは
なく、自己決定権を持ってそこに対峙するという態度が社会の前面に出
るようになってきたのです。その背後には「脳死」問題があり、ベビー
ブーマーたちの、社会に対する眼差しが大きく作用していたものと考え

られます。自分の葬儀を亡くなっていく本人が企画する「生前契約」な
どといったシステムが出てきたのは1993年のことです。また宮城県の市
営墓地の墓碑銘を調べた結果からも、1990年代半ばからは、従来までの
宗教的用語に加えて、「愛」や「和」などの自由な言葉を刻んだものが急
速に増えており、このような動向からも自己の「死」に対する自己決定
権の行使を窺うことができるようになってきていることがわかります。ま
たさらに、こうした関心が社会的に広く拡散していることは、『中央公
論』『文藝春秋』などの総合誌はもちろん、『週刊東洋経済』『週刊ダイヤ
モンド』といった経済誌においても、葬儀や墓そして相続などといった
死後に関わる特集が多々組まれていることから知ることができます。そ
うした特集が組まれた雑誌がうず高く積み上げられている書店の光景か
らは、人々の潜在的なニーズが手に取るように明らかになるのです。

　こうしてみると、現代社会はアリエスの言う「タブー視される死」の
時代を脱し、自己の「死」を正面から見つめ、それを語る環境が整いだ
した時代となっていると言っても過言ではありません。ただその方向性
は拡散しており、伝統的死生観の時代のような、集約された典型的な方
向性がしっかりと共有されている段階とまで言うことはできません。多
様な選択肢を模索しつつ、個人レベルで深めているのが現段階の死生観
と言うことになるのかも知れません。その意味で、今後の死生観の展開
は、注視すべき課題といえましょう。

註

1）鈴木岩弓「写真が語る現代人の絆」岩上真珠・鈴木岩弓・森謙二・渡辺秀樹『い
　　ま、この日本の家族　絆のゆくえ』弘文堂、2010年。
2）この調査の資料は、東京大学社会科学研究所附属社会調査・データアーカイブ研
　　究センターの以下のサイトで見ることができます。
　　https://ssjda.iss.utokyo.ac.jp/Direct/gaiyo.php?lang=jpn&eid=1140)
3）異なる質の小石の入った礫岩。中の石がカタカタ動いたり、取りだせることがあ
　　ることから、石が子どもを産んだと見なされ、産育守護に利益があるとされます。
4）厚生労働省の人口動態統計によるなら、わが国の「新生児死亡率」は、1899年に
　　は77.9であったものが、2018年には0.9となっています。ちなみに2016年の世界

平均は、18.6 となっています。

5）柴田純「"七つ前は神のうち"は本当か　日本幼児史考」『国立歴史民俗博物館研究報告』第 141 集、2008 年。

6）産の忌みが明けるのに男児は女児より早く、母親より子どもの方が早いと言われ、「初宮詣」に行く日は女児の方が男児より一日程度遅く、また「親忌みは七十五日」などと言って、母親の忌み明けの方が遅い例がみられます。

7）坪井洋文「日本人の生死観」『民俗学からみた日本』河出書房新社、1970 年。なお坪井は、この論考におき「死生観」の語は使わず、「生死観」の語を用いていましたが、本稿では両語の概念上の違いには拘らず、同一語の言い換えと考えて扱っています。

8）池端玲佳「"22 週"助けられない命」NHK サイカルジャーナル、2010 年 10 月 8 日

9）鈴木由利子『選択される命－子どもの誕生をめぐる民俗』臨川書店、2021 年

10）フィリップ・アリエス『死の歴史　西欧中世から現代へ』（新装版）みすず書房、2006 年

第六章　メメント・モリの観点からのヒトの歴史
〜特に原初の「美術」からの試論〜

芳賀　　満

はじめに〜公的なメメント・モリ、私的なメメント・モリ、様々な死の問題の巾

　メメント・モリとは人間が死を想うことであるが、その死を想う主体あるいは死ぬこととなる主体としての「人間」は、通常「個」が想定されているのではないだろか。

　しかし本稿では「個」よりも大きな、但しあくまで「人間」を、その様々なレベルにおいて捉えて、その様々な主体におけるメメント・モリを考察してゆきたい。死を想うのは、死を想うべきなのは、個々の「人間」だけでなくより大きな様々な概念の「人間」でもあり、そのような主体も死ぬこととなるからである。

　言い換えれば、時間にはカイロスという私的な時間とクロノスという公的な時間の２種類があるが、ならばメメント・モリにおいても私的な個だけでなく、様々な公的な主体とその死も念頭におくべきだと考えるのである。特に公としての立場をも有するであろう本書の多くの読者は、そのような責任をも有するからである。

　さて、公的で最も大きな主体は「宇宙」であろう。しかしあまりに圧倒的過ぎて、宇宙の死への人類の関与は現在のところほぼ皆無であるので本稿の対象としない。

　人間が関わる公的で最も大きな主体は、巨大な生命体「ガイア」としての「地球」であろう。人類の存在と活動が地球に影響を与えていることに着目した新しい地質時代区分として人新世という概念も近年定着してきているところである。但し、地球自体は惑星科学、地球物理学など

の対象であり、それに関わる筆者の能力が全くないので本稿では扱わない。

　そこで、「人間」が直接に関わる主体としての「ヒトの系譜樹全体の連続」をまず扱いたい。そして現状ではヒトの最後の段階であるホモ・ネアンデルターレンシスやホモ・サピエンス、社会システムとしての「国家」などを主な主体として検討して行きたい。結果として、より大きくより公的な主体ほど、時間軸上でも長大な概念であり、より古い過去から始まる。よって本稿では公的なメメント・モリの概念に関して、ほぼ必然的に過去から現在への時間軸に沿った考察をすることとなる。

　本書作成の契機となった「メメント・モリ」の授業[1]の目的として、「受講生が『死』を自己の問題として考え、さらに深めてもらうこと」とシラバスにある。死を私的な「自己の問題として考え」るだけでなく、将来は共同体、国、世界のリーダーとなる若い先代には、大きな主体における公的な死をこそ「自己の問題」として考えて欲しい。同シラバスの「概要」には「『死の問題の巾』を理解する」とあるが、まさに様々な「巾」のメメント・モリを以下に辿りたい。

「世界は人間なしに終わるだろう」〜ヒトの系統樹全体の死

　メメント・モリについて考察するときには、先ず第一に、「ヒトの系譜樹全体の連続」あるいは「ヒト全体の死」を考えるべきである。そのようなとき、クロード・レヴィ＝ストロースは、"Le monde a commencé sans l'homme et il s'achèvera sans lui"（「世界は人間なしに始まったし、人間なしに終わるだろう」）[2]と述べる。

　前半の「世界は人間なしに始まった」は事実である。この「世界」という舞台として、ビッグ・バン以降の宇宙は大きすぎるので、地球を設定しても、この惑星が47億年程前に創成された時にヒトはいない。その後も長くヒトは存在せず、やっと今から600万年前に至りヒトの系統が誕生したが、これは47億年の僅かに0.1％程でしかない極めて短い期間である。

　以上の事実を前提データあるいは根拠として、"et"（英語の"and"、「ゆえに、したがって」の意）と論理展開しての後半部分の結論である「人間なしに終わるだろう」とは、極めて悲観的である。未来を信じていないその冷徹な態度は、ホラティウス[3]が謂う"Carpe diem, quam minimum credula postero"（「今日を刈り取れ、明日のことは最小限にしか信用せず」）の最も正しい現代語訳なのであろう。まだしもロレンツィオ・ディ・メディチの"Quant'è bella giovinezza, che si fugge tuttavia! Chi vuol esser lieto, sia : di doman, non c'è certezza."（「なんと美しきかな青春、されどそれはみるまに立ち去る！愉しくありたい者は、そうであれ。明日に確かさなどないのだから。」）の方が甘酸っぱさを許す優しさがある。少なくともクロード・レヴィ＝ストロースによればホラティウスは「今日を楽しめ」とは全く言っていないのである。

　科学的帰納として、人間全体の死を当然の帰結とするこの論理展開がどれほど正しいのかはわからない。しかし前半で言及されている圧倒的な人間の不存在の重さを鑑みると、後半が未来において現実となるかも知れぬ底知れぬ恐ろしさを感じ、あるかも知れない人間のいない未来の寂寞とした風景を観る。「今日は絶頂にいるが、明日は死ぬ」、これこそがヒト全体に係わるメメント・モリである。文化人類学者でクロード・レヴィ＝ストロースの本の訳者の川田順造氏はこれを国際連合の標語にすべきであると述べるが筆者も強く同意する。

　但し、それはあくまでそれに反抗すべきメメント・モリとしてである。従うべき標語ではなく、目前とそれに続く未来の危機を訴える警句である。ヒトは誕生以来、自然環境とは別に文化環境を自ら創造し、その中で生き、その中で進化してきた。それにより自然という造物主から進化を奪い取り、未来を自己決定し、意志の力による自然からの異化という自己デザインを図る不遜な存在となった。その行く着く先として、結局は「人間なしに終わるだろう」とのメメント・モリをクロード・レヴィ・ストロースは突き付けるのである。

　2011年の福島原発爆発の時、筆者は80km位しか離れていない仙台の

自宅のテレビの前で妻と共に幼い子供たちを抱きしめ、クロード・レヴィ・ストロースは正しいのかと怯えた。しかし多分それは実際のところ本当に「アンダー・コントロール」（東京オリンピック誘致に関わる安倍首相の演説にある言葉）[4] であり、どうもその影響は限定的であるようだ。但し、次の本当の「福島原発爆発事故」がまた世界のどこでいつ起こるかはわからない。「自然と文化との通婚ないし結合はすでに昔語りとなり、自然は喪失の一途を辿っている。あとに残るのは……。現代社会において何よりも私の心を強く打つのは、自然のありようが確実に死滅点へと、つまり何一つとして地球的規模での人間存在に均衡をもたらしてくれそうにない地点へ向けて退廃しつつある、と感じられることです。」と先史考古学者アンドレ・ルロワ＝グーランも怖れる。

　川田氏も指摘するように、クロード・レヴィ・ストロースは巨大で冷徹なペシミストである。しかし人間に対して冷徹になりきれなく甘く狭窄な視野しかない筆者などは、「人間なしに終わるだろう」とのこの偉大な思想家の結論が間違いであることを証明すべく、様々に抗いたい。それへの協働を本書の特に若い読者にも願いたい。それが現代のトランス・サイエンス時代あるいは人新世の人間社会におけるメメント・モリの意義である。

幾つものヒトの死あるいは交替劇
～600万年間の常態とホモ・サピエンスの死

　いずれにせよクロード・レヴィ・ストロースの結論は少なくとも現時点では成就されていなく、ヒトの系統樹はまだ途絶えていない。しかし既にこれまでの600万年間に及ぶその過程では幾つものヒトの死、つまり全滅があった。現代の我々新人ホモ・サピエンスはヒトとしての諸先輩のメメント・モリ、つまり猿人、原人、旧人、その死を想うべきである。

　600万年程前に、後にボノボ及びチンパンジーと成る系統樹と、ヒトと成る系統樹が分かれた（図1）。この時点をもってヒトの誕生とされている。その後のヒトの系統樹は一本ではない（図2）。まさに樹のように、

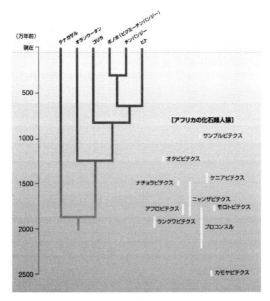

図1　現生類人猿とヒトの系統関係と推定される分岐年代

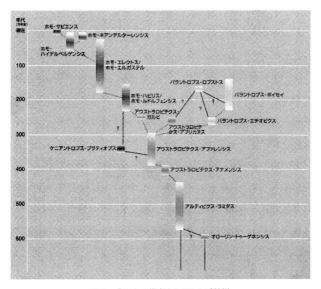

図2　化石から推定されるヒト系統樹

幾つもに枝分かれして進行して来ている。つまり同時期に複数のヒトが存在したのであり、幾つものヒトが死んで全滅して次のヒトにバトンを継いで行く、幾つもの「交替劇」（英語でreplacements）があったのである。この「交替劇」の数だけヒトの死があったことは、壮大なメメント・モリとして想起されるべきである。

　そのことはつまり、600万年間の常態（平常の状態）を冷徹に考察すれば、我々ホモ・サピエンスもいつかは交替される、即ちホモ・サピエンスとしては将来死ぬ存在なのであることが結論として導き出される。

　クロード・レヴィ・ストロースの言うヒトの系統樹全体の死には抗いたい。しかしもしかしたら、ヒトの系統樹全体の時間軸上のごく一部でしかない我々ホモ・サピエンスの死は、ホモ・サピエンスを越えて巨視的に観れば、発展的解消あるいは次の次元への昇華として歓迎すべきなのかも知れない。

　但し、そのホモ・サピエンスの死を言祝ぐ大前提としては、次のヒト、本当の「新人類」へとヒトの命のバトンが確実に継承されなければならない。そこに、夏のオリンピックでも惹起したようなバトン・ミスによるリレーの棄権、つまりヒトの系統樹全体の断絶という本当の死があってはならない。

　このときに実に恐ろしいことは、600万年間の常態と現在の状態の大きな相違として、現在だけは史上初めての事態として複数のヒトが同時に存在しなく、我々ホモ・サピエンスしかヒトが存在しないことである。つまり我々ホモ・サピエンスしか走者はいなく、同時に伴走してくれている他のヒトはいないので、ヒト全体の興亡は我々の双肩にのみに架かっていることである。ホモ・サピエンスとしてのメメント・モリとは、そのたった一つの旗艦に常に掲げられているZ旗であり、「皇國」どころか「ヒトノ興亡ハ此ノ一戦ニ在リ、各員一層奮励努力セヨ」との悲壮な覚悟なのである。

埋葬〜死の発見あるいはメメント・モリの起源

　さてでは、そもそもヒトはいつ死を発見し、いつから死を想うように
なったのであろうか。多分、人間以外の動物は死を知らない。仲間が動
かなくなり反応しなくなり、冷たくなり臭くなり肉体が崩れてきたことを
知覚はできるであろうが、ヒトに最も近いチンパンジーやボノボでさえ
死を認識しない。埋葬行為をしないからである。まして例えば動物園の
サル山というアクロポリスの上に宗教施設である神殿が造られたことは
かつてない。

　ヒトも当初は、動物と同様に、死の認識と、よって生の認識をも、持
たなかったであろう。しかし少なくともホモ・ネアンデルターレシスには
埋葬の習慣があったことが、その遺構から判明する。死臭や群がる虫が
不快でまたその臭いに惹かれて死体を食べに来る動物が生きている者に
危害を与えるので死体を「生ゴミ」として遠くに遺棄したり埋める行為
とは異なり、明らかに死体を依然「人」として扱い埋める行為が埋葬で
ある。人を死後も人として認識することが死なのである。

　埋葬遺構の事例としては例えば、ラ・シャペル・オー・サン（コレーズ
県、フランス）、ラフェラシー（ドルドーニュ県、フランス）等がある。
単に体が動かなくなり反応しなくなったというのではなく、より高次の次
元の変化あるいは移行としての「死」の概念をヒトはこのとき初めて獲
得したからこその、埋葬という行為である。ヒトが死を発見し認識し、
死を知ってこそ、ヒトの視座からのメメント・モリが可能なのである。こ
こにヒトのメメント・モリの起源がある。

　さて、以下に、まだ文字がない時代であるから、ヒトによる遺構と遺
物に依拠する造形史・美術史により、メメント・モリという認識が徐々に
高次元化してゆく過程を追いたい。

宗教の始まり〜石器から辿る物質的秩序を超越する考え、
あるいは宗教的精神の歴史

　宗教の機能の第一は死を扱うことである。死を想うことが宗教であり、

つまりメメント・モリが宗教に他ならないならば、ヒトの歴史の中での宗教の始まりを本稿で考えることは意義がある。

宗教的精神とは何であろうか。アンドレ・ルロワ＝グーランは、原初の宗教的精神を「（自然界の）物質的秩序を超越するような関心の現れ」と定義する[6]。宗教的精神の発達に関して青柳正規氏は以下のように述べる[7]。宗教以前の認識方法は物質的秩序の追認である。水より木より石が硬く強い、とのような認識である。それに対して、宗教的精神の原初的なあり方は、「物質的秩序を超越するような関心の現れ」である。石よりも、石を穿つ水の奔流の方が強い、生命を持つ樹の方が強い、とするような認識である。このような物理的秩序を超越した認識に基づく精神が原始的宗教なのである。これが「自然界の時間と空間の秩序を超越しようとする関心」を促し、「視覚や触覚が感性に何らかの作用を及ぼすことへの関心」を呼ぶ。つまり「物質的秩序を超越するような関心の現れ」という宗教的認識の発展は、実用性とは関係なく生活の中で直接の機能を持たない「美術」を生むに至った。

であるから、宗教的認識の指標として「美術」を考えることは有効である。実際、「美術」と死は密接に連携して発展し、美術（史）の殆どは死に係わる宗教の美術（史）である。神の荘厳化の造形による実践が美術であるからである。実際、「西洋美術史」とは、古代は「ギリシア・ローマの神々に係わる美術の歴史」であり、それ以降も現代美術も含めても殆どが「キリスト教美術史」である。同様に「日本美術史」も、仏教の伝来以降は多くが「仏教美術史」とそれへの対抗として生まれた「神道美術史」である。

但し本稿では、神らが生まれる遥か前の宗教的認識あるいは哲学の創始とその展開を辿るために、より原初の時代として石器時代の「美術」を概観したい[8]。その「物質的秩序を超越するような関心の現れ」の初期の歴史を概観したい。美術とは象徴的認識の表現であり、つまり美術は視覚的な哲学に他ならないからである。

前期旧石器時代〜時間軸を内包し感性に作用を及ぼす
視覚的象徴性としての美術のはじまり

　少なくとも 330 万年程前から制作が始まる石器とは、ヒトの造形史の 99％以上の期間にわたり主要な利器であり創作物であった。（三時代法に拠るならば、石器の次の青銅器が制作されだしたのは紀元前 4 千年紀中頃からであり、これは石器時代の 330 万年間の 0.2％程でしかない。まして武器や農具としての鉄器の制作開始は僅かに前 15 世紀頃からである。）ヒトの文化環境を創出するのが旧石器時代に制作されだした石器なのであり、よって石器は人間の文化・精神活動の進化を観る「道具」で指標ともなる。ヒトは自然界とは別に文化環境を創りそこにのみ棲むことにより、自然という造物主から進化を奪い取り未来を自己決定し、意志の力による自然からの異化という自己デザインを図る不遜な存在となったが、そのヒトの体とその文化環境そのものを、最も広義の「デザイン」あるいは「美術」と定義したい。

　その前期旧石器時代は、既知最古の 330 万年前のケニアのロメクイ出土の石器が作られた頃に始まる。但しこの石器は機能的な道具でしかなく、後述する狭義のいわゆる「美術」の概念をまだ認めることはできない。

　270 万年前のエチオピアのゴナ出土の礫石器《オルドワン石器》も、ホモ・サピエンスやホモ・ネアンデルターレンシスの先祖である、既に石器を使う「ハビリス（能力のある）」なアウストラロピテクスかホモ・ハビリスによる最先端の科学・技術の道具であるが、美術ではない。

　ホモ・エレクトスの出現時期にサバンナの環境に変化があった。それに伴い多様・複雑な食糧獲得戦略のもと、ヒトの社会も複雑化した。住居と火の使用を認めることができるのもこの頃である。ホモ・エレクトゥスによる 175 万年前のエチオピアのコンソ出土の《アシュール型石器》（図 3）は諏訪元氏によれば、予め想定された型の石器の製作であり、イメージの力により初めて「デザイン」された道具である[9]。「デザイン」という美術的精神活動をここに初めて見出すことができるのである。制作者が予

図3 アシュール型石器ピック
前期旧石器時代、175万年前、エチオピア、コンソ出土

　め想定した完成イメージに基づき制作するという意味では、現代人の美
術行為あるいはほぼあらゆる制作行為と同様であり、それは意志による
因果のコントロール行為であり、その具現化としての、時間軸を内包し
た「美術」である。

　145万年前から125万年前までにはさらに草原適応の大型哺乳類動物相
に大きな変化があった。その自然環境に対応して、文化環境を創出する
技術である石器技術も徐々に発展した。同時により意図的に感性に訴え
る大型石器が整形されるようになった。その断面形状には三角型「タイ
プ」への「標準化」を認めることができ、「左右対称性」も顕著になる。
「用の美」である。

　90万年前から80万年前には石器はさらに洗練された。特に平面形と断
面形の双方において対称性に優れ、他の石器形式よりも格段に高い三次
元的対称性を有するハンド・アックスが多く製作された。これらの高い三
次元的対称性をもつアフリカの石器は、より高度な認知能力の証左であ
り、象徴行動あるいは美意識をそこに認めることができる。

　そして、そのようなハンド・アックスの対称性の中央に貝が配された25

図4　貝化石があるハンド・アックス
前期旧石器時代、アシュール文化、イギリス、ノーフォーク州、ウェスト・トフツ出土、ケンブリッジ大学、考古学・人類学博物館

　万年前の《貝化石があるハンド・アックス》(図4) は、機能とは別に、見る者の感性に作用を及ぼす視覚的象徴性としての高次の造形、「美術」である。それは「おしゃれ」であり、つまり機能でなく感性の次元で遊ぶ高度な象徴的思考の営為に他ならない。

　以上のように、つまり美術とは、死の概念を含む宗教的概念と同様に、自然界に挿入された人工物である。それは視覚哲学を持った人間存在の指標である。加工前の原石と完成した石器の形態の差は、基本的に原石をあまり加工せずに使用した礫石器では小さいが、打撃により原石とは形の異なる核を取り出す石核石器では極めて大きい。ホモ・エレクトスが自然界で原石を探し観察・選択する段階では、石器はまだ存在しないが、脳内には既に類型的概念に基づく石器の設計図がある。その石器の完成イメージを保持しつつ偶然を必然へと高めながらそれに近づけてゆく認知行為は、後代の彫刻家が石塊から彫刻を創作するときと同じ、あるいはアクション・ペインティングにさえ通ずる美術行為に他ならず、つまりこれが美術の始源である。

　このように時間軸を内包しているその行為が美術であることを確認し

図5　ヴィレンドルフ出土のヴィーナス像
後期旧石器時代、オーリニャック文化、オーストリア、ニーダーエスターライヒ州ヴィレンドルフ、ウィーン、自然史博物館

たい。それはまだ死んでおらず死を経験したことがない人間が、これまでの経験によって形成されてきた類型的概念である「死」、あるいは一つの「完成イメージ」を脳内に抱きつつ生きる、つまりメメント・モリを銘じながら生きて死に近づいて行く営為と同じである。原石から石器を作る、つまり自然という偶然から人工という必然に至る意志による漸進的作為は、まさにアンドレ・ルロワ＝グーランが定義する原初の宗教的精神である「（自然界の）物質的秩序を超越するような関心の現れ」である。ヒトも、単に生存本能に支配された利那の連続として無自覚に生きているという自然状態から、完成形としての「死」が最期にあることを意識しつつ、「打撃」により「死に対置する生」を彫り出すに至るのである。これがメメント・モリの始源である。

　ここでさらに興味深いことは、《ハンド・アックス》一般の形態と所謂《ヴィーナス像》（図5）一般の形態が、強く類似していることである。これは視覚を通してその相似を認識することが感性に強い作用を及ぼしている高次元の事例である。つまり、肉食をもたらす《ハンド・アックス》の形態と、子をもたらす性・生殖の象徴の《ヴィーナス像》の形態の酷似

は、個体としての生命の存続と集団としての生命の持続性の違いはあるが、共に「肉欲」による「生」を象徴する造形なのである。共に死の対立概念としての生の造形であるから酷似するのであり、つまり共にメメント・モリに抗う造形なのである。

中期旧石器時代
～ホモ・ネアンデルターレシスの美術および時間の発見

埋葬、副葬などの行為の痕跡である遺構や遺物から、当時のヒトの世界認識、特に死を発見したことなどの死生観の概略を知ることはできる。また当時既に共時的コミュニケーションの手段としての言語はあったであろうし、死についても語ったであろう。しかしその音声記録はない。結局、まだ文字がない時代に、高度に象徴的な概念を表象し、且つ通時的にそれが存続し、ゆえに現代の我々も証拠として確認し採用できるものは「美術」、特に「絵画」である。「美術」をさらに限定的、高次に「実生活において直接的な機能を持たないもの」と定義するならば、中期・後期旧石器時代の洞窟絵画等が、直接に後代の美術に繋がる存在なのである。

さて、その絵画などの高度な認知活動は、従来は、後期旧石器時代の西洋のホモ・サピエンスに特権的とされてきた。ホモ・ネアンデルターレシスによる南アフリカの《ブロンボス洞窟》（7万3000年前）出土の赤い幾何学紋様のある礫岩や赤粉末が付着した貝殻（10万年前）は絵画的行為の可能性でしかない。ホモ・サピエンス到来時期のスペインの《エル・カスディージョ洞窟絵画》（4万800年前）が、実はホモ・ネアンデルターレシスによるとする仮説はあくまで可能性の示唆でしかなかった。

しかし近年、スペインのラ・パシエガ、アルダレス、マルトラヴィエソの各洞窟にある、手形、点、線、幾何学形態、動物の群れが描かれた「イベリア洞窟絵画」（図6）と総称される美術が、中期旧石器時代の6万4,800年前と年代決定された[10]。これはホモ・サピエンスがアフリカから出てヨーロッパ半島に進入し、既にその地に居たホモ・ネアンデルターレ

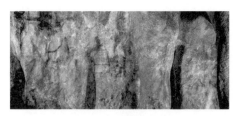

図6　イベリア洞窟絵画
中期旧石器時代、6万4,800年前、スペイン、ラ・パシエガ洞窟

図7　刻みのある骨
中期旧石器時代、マドレーヌ文化、フランス、ル・プラカール洞窟出土、パリ、人類博物館蔵

ンシスの間に入植し始める4万5千年前よりも、さらに2万年以上も前の時期である。つまり、ホモ・サピエンスという「智人」による「創造の爆発」（4万年前、「後期旧石器革命」）より遙かに前に、既にホモ・ネアンデルターレンシスが高い認知能力を持ち、美術という高度な精神活動による象徴的表現を開花させていたのである。この「イベリア洞窟絵画」により、美術活動等においてホモ・サピエンスにのみ特権的地位を与える考えは訂正を迫られた。ホモ・ネアンデルターレンシスの復権によるホモ・サピエンスの相対化である。このホモ・ネアンデルターレシスによる具象画こそが、直接的機能を有しない、後代に直結する「美術」の始まりである。このような認知能力（symbolic behavior）はメメント・モリの「メメント」に不可欠な能力である。

　さらに興味深いのは、フランスのル・プラカール洞窟から出土した中期旧石器時代のマドレーヌ文化の《刻みのある骨》（図7）である。骨には複数の刻線が施されているが、それらの刻線を観察すると、同一の物によって刻まれたのではないことがわかる。さらにその刻線は12〜3本が

弧線でまとめられている。以上から、刻線は時間間隔をおいて刻まれた蓋然性が高く、これは月の満ち欠けの記録という「暦」である可能性が指摘されている。もしもそうであるならば、それはある単位を設定したことによる「時間」の認識であり創造である。「時間」という不可視の概念に刻みを施す「物質的秩序を超越するような関心の現れ」の造形化である。この不可視の概念の「視覚化」とは、時間を越えた思考の物的痕跡としての美術であり、時間的秩序を超越しようとするアバンギャルドな宗教作品に他ならない。

　岡田英弘氏は歴史学を「人間の住む世界を、時間と空間の両方の軸に沿って、それも一個人が直接体験できる範囲を超えた尺度で、把握し、解釈し、理解し、説明し、叙述する営み」[11]と定義し、そのために創造されたものとして「直進する不可逆の時間」、「因果律」、「暦」を挙げる。《刻みのある骨》の上の「暦」が、一本の直線状の骨に刻まれてあることから、そこに「直進する不可逆」の時間概念があったと結論することには飛躍があるかもしれない。しかし、未だに出来していないけれども必ずそうなるであろうという未来の事態を予見する「暦」、つまりメメント・モリの基本としての「時間の進捗」の概念の創造がここにあると言えるのではないだろうか。

副葬品〜魂と天国の発明

　上記のようにホモ・ネアンデルターレンシスもホモ・サピエンスも埋葬行為を行っていたことは認められるが、それに副葬品が伴っているかはさらに大きな観点である。

　イラクのシャニダール洞窟からは花が供えられたとの説もある埋葬遺体も発見された[12]。イラク北部のザグロス山脈のこの洞窟内からは、４万８千年以上前とされる中期旧石器時代のホモ・ネアンデルターレンシスの人骨９体が検出された、その４号男性埋葬遺体の直近の周囲の土から大量の花粉粒が検出されたのである。発掘者はこれを死者を葬ったときに死者に手向けられた供花だと解釈した。しかし検出された花粉粒は人為

図8　ホモ・サピエンスの埋葬と副葬品のシカ角
中期旧石器時代、7.5 ～ 4.7 万年前、イスラエル、ナザレ近郊カフゼー洞窟遺跡出土

的にそこに持ち込まれたのではなく、偶然に集積したに過ぎないと解釈する説等も多く強い。発掘者がこのホモ・ネアンデルターレンシスを *The First Flower People* と名付け、その精神性を高く評価しようとしている態度は、その方向性自体は最近の研究成果からも間違いないが、自分の発掘対象の価値を高めようとするあまりとも捉えられる。このシャニダール洞窟の花を死者に手向けられた供花と解釈することは、ウズベキスタンのテシク・タシュ遺跡のアイベックスの角が副葬品であるかの解釈と共に、学問的批判に耐えることはできない。

　埋葬に副葬品が伴っていたと確実に認められるのは現在のところホモ・サピエンスである。7.5 ～ 4.7 万年前の中期旧石器時代のイスラエルのナザレ近郊のカフゼー洞窟遺跡（図8）[13] やスフール遺跡の埋葬のシカ角やイノシシの骨は副葬儀礼の証拠であるとされている。

　ホモ・サピエンスからなのか、あるいはもしかしたらホモ・ネアンデルターレンシスからなのかは現状では判然としないが、ともかく、爾来、ヒトは、我々の如くに、副葬品や花を死者に捧げる。なぜであろうか。副葬品があるとは、それを手向ける対象としての人が、死後にも生前の「人格」が保持され存続し、死体は人格が備わった社会的個体として認識されたことを意味するのではないか。それは肉体とは別の「魂」の存在

の発明であり、そして死後の「魂」の居場所としての「死後の世界」、「あの世」、「天国」の発明で創造であると考えられるのではないだろうか。また同時に、生きている誰も死んだことがなくその存在を証明できない以上、結局幸せな「天国」とは、遺族の心の平安のために創造されたとも言える。供花などの副葬品はこのような「天国」とそこへの「魂」の移行を祀る原初の宗教美術である。

　このように副葬品を手向けるとは極めて抽象的なヒトの認識行動である。「物質的秩序を超越するような関心の現れ」ゆえに何らかの死後の世界が想定されたのであり、そこに「天国」の原初を認めることができる。メメント・モリの際には、死後の存在や世界が重要な関心事であるが、ここにその萌芽が生まれたのである。

後期旧石器時代〜ホモ・サピエンスの美術における死の表現

　この時代、ホモ・サピエンスが唯一のヒトとなり洞窟絵画など質量ともに優れた本格的美術が創造された。生活技術一般、音韻言語、計画行動・未来予知能力等の観点からも「創造の爆発」（「後期旧石器革命」）とも称される。ヨーロッパ半島のオーリニャック期（4万3千年前から）から特にマドレーヌ期のことである。上述のように少なくとも既にホモ・ネアンデルターレンシスに「絵画」制作が遡ることが現在では確認されたといえ、ホモ・サピエンスの認知能力の絶対的な評価が下がったわけではない[14]。

　3万7千年前には《ショーヴェ洞窟絵画》が制作され、3万2千年前には既知最古の彫刻像《ライオン人間》、2万3000年前からの《コスケール洞窟絵画》、2万2000年前の《フエンテ・デル・サリン洞窟》の手形、そして有名な1万8千年前の《アルタミラ洞窟絵画》や1万7千年前の《ラスコー洞窟絵画》、1万6千年前の《ル・チュック・ドードゥベール洞窟粘土像、バイソン》、約1万年前の《アッダウラ洞窟の線刻画》等が制作された。

　この後期旧石器時代末期マドレーヌ文化の1万8千年前の《アルタミラ洞窟絵画》は、スペインのサンタンデルで1879年に発見され、旧石器時

図9　ラスコー洞窟、バイソンと人と鳥形
後期旧石器時代、マドレーヌ文化、フランス、ドルドーニュ県

代の美術の存在を知らしめた。線描画ではなく、低い天井にある動物群像の彩色画であり、観察眼優れたクロマニョン人は、その獲物のイメージ全体を黒の輪郭線で把握・固定し首と脚を手前の空間に捻り描写し、彩色により肉の量塊を捉えている。

　同じマドレーヌ文化の、フランスのドルドーニュに位置する、1万7千年前の《ラスコー洞窟絵画》にも写実的な動物が多く描かれている。但し非常に興味深いことは、そのような中にあって、人間はただ1点しか描かれていないことである。ラスコー洞窟の最深部に黒色のみで描かれる《バイソンと人と鳥形》（図9）の場面である。その唯一の人間は、バイソンに反撃され、男根を勃起して後ろに倒れる、四本指で鳥形頭の棒状男性である。人間に槍を刺され腸がはみ出るバイソンが首を後ろに曲げ痛みの原因を探る。長い一脚の鳥もいる。犀が尾を挙げ、規則正しい6つの黒点を残しつつ左に去る。これはおそらく単なる狩猟図ではない。一脚の鳥は鳥装飾のある投槍器とも解されるが、倒れる男が死ぬ間際ならば、その魂の視覚表現と観るのは可能か。アンドレ・ルロワ＝グーランは旧石器時代絵画に性器の表象を多く認めたが、人間同士の性交場面はない。バイソンの腸を女性器と見て、勃起した狩猟者が投げた槍がそこに刺さる性交場面と見る説もある。ならばこれは絶頂を迎え瀕死状態の性

図10　アッダウラ洞窟線刻人物群画
後期旧石器時代、マドレーヌ文化、前1万年頃、イタリア、シチリア島

交場面である。いずれにせよ、人間、バイソン、鳥との三つの存在に係わる物語時間経過の中に、性（男根、女性器としてのバイソンの腸？）と生（鳥）と死（瀕死の男性とバイソン）に係わる複数の因果関係が表現される原初の宗教物語絵である。このようにラスコー洞窟で唯一人間が描かれる場面のテーマは男と動物の死なのである。男にとっても動物にとっても死に最も遭遇する場面が狩猟であった狩猟採集社会の当時、ある意味では当たり前かも知れないが、《ラスコー洞窟絵画》の唯一の人間像のテーマは性と関連の深いメメント・モリであった。

　但しやはり原則として、上述のような堂々とした女性像《ヴィーナス像》（図5）が多数制作されたにも関わらず、そして洞窟絵画に動物は多いが、そこには人間、特に動物を狩る男性像はほとんど描かれない。たとえ描かれれていても、動物の描写は写実的だが、人間は簡略的である。これは人間は人間自身をまだ十分に客観視できなかったからではないだろうか。対象としての動物は良く認識し写実的に表現できた。しかし動物を狩る人間自身の場面を含むこの世界を、自分から離れた位置から客観的に見下ろし物語ることに困難があった。水面に映る自分の鏡像を自己認識はできても、壁面という他所に自分の絵画像を自ら現出させるのは困難であった。動物は客体であり描かれていた。しかし人間自身

は主体であり描かれなかった。この段階では人間はまだ自分自身に関する主体と客体の分離が完全ではなかったのかもしれない。

　そのようなとき、同じマドレーヌ文化だが約1万年前の《アッダウラ洞窟の線刻画》（図10）では、嘴のある仮面を被り両手を挙げたりして円い輪になり舞踏し祈るような、躍動感溢れる人物群像が鳥瞰図的に表される。この優れた三次元の立体空間の表現は、空中に視座があることを意味する。さらにここでは動物ではなく人間のみが描かれていることとも考え合わせると、二次元の壁面上での三次元空間表現による第三者の視座からの超越的な自己認識をここに認めることができる。徐々に主体と客体の分離が進んでいったと言えるのではないだろうか。そしてさらに注目すべきことは、8人全員の内、中央の2人は縛られており勃起していることである。中央の2人を囲んだ何らかの宗教的行為、生け贄の場面かと解釈されている。そうであるならば、ここでも性と死がテーマである。但しその死は、狩猟の途中でのある程度は予測されてはいるが突然に襲ってくる死ではなく、社会的に計画された祭祀としての集団による死である。共同体を束ねるために必要な共同体の為の死、そしてそれを記銘し記憶し想起し祈念すること、それもまた別のメメント・モリの形ではないのだろうか。

暗闇の美術館における世代を超え社会を束ねる
紐帯としてのメメント・モリ

　祭祀とは、例えば共に輪舞して生け贄を屠る祭りとは、共同体構成員同士の共時的な紐帯である。そしてそれが描かれた洞窟絵画とその洞窟は世代を超えた通時的な紐帯でもあった。

　洞窟絵画の目的としては、「芸術の為の芸術」説、トーテミズム説、描く行為自体を目的としたとする呪術説、特に狩猟の成功を祈ったとする狩猟呪術説、描くと食の対象が殖えるとの祈願からとする増殖呪術説、トランス状態のシャーマン（「藝術家」の根源）が描いたとするシャーマニズム説等が提唱されている。多分どの説も少しずつ正しいが、いずれ

にせよ動物の写実性、迫真性がこれらの目的のために必要であった。洞窟絵画は、実生活での直接的機能を持つとは考えられず、後代から現代までの美術に直接に繋がる美術である。しかし現代の美術が単なるコンセプト、嗜好、文化的な財であるとき、常時自らの存続（perpetuation）のために闘っていた先史社会の美術こそが、生のための食や性と同様に必然から生まれたゆえに、むしろ強く我々の心身に訴える。

　但し居住用洞窟と異なり、絵画のある洞窟の入口は狭く中は深くその洞窟は美術専用空間であり、その意味では「美術館」の始源である。しかしその奥にある洞窟絵画は、実は、視覚美術の大前提である光を否定して、死にも似た闇の中にある。現代の美術館は中立的・中性的で明るい立方体の White Cube としばしば呼ばれるが、絵画のある洞窟という「美術館」はそれとは全く異質の Dark Womb とも言うべき特定対象のみに向けられた闇の子宮的空間であった。そして当時は未だに定住性のない狩猟採集社会であったにも関わらず、何世代にもわたり永く同じ洞窟が美術という同一目的のために使われた。その意味でも絵画のある洞窟は特異な場で、美術により祭儀の場とされた、時間軸上の紐帯の場であった。そこに人間が描かれるときに死がテーマとなり、そのメメント・モリが共時的・通時的に人々を紐帯し連帯させていたのである。

新石器時代〜
メメント・モリの効用、あるいはあの世に拠るこの世の紐帯

　1万年前頃からの新石器時代の特徴は、偶然から必然へと偶有性と加工法を高め用途も多様化した磨製石器の出現、土器制作の開始、紡織技術の発明、そして農耕牧畜という環境技術の開始による食糧獲得社会から食糧生産社会への緩やかな転換にある。次第に、播種・収穫祭を司る司祭、さらに司祭王が出現し王権が形成され始めた。骨角器、装身具、幾何学的装飾等のある土器、家畜を模す土偶等も製作され石刀製作技術も発達した。1万年前とは人類史全体の 0.2% 程前から始まるごく短い時代ではあるが、定住開始に伴う社会の複雑化と物質文化の種類と量の増加

図11　T字型石柱
先土器新石器時代、前9,000年頃〜前8,300年頃、アナトリア、ギョベックリ・テペ出土

は、現在へと直結する。そして世界認識とそれに関わる思考も現在へと直接に繋がる。

　但し、新石器時代が始まりその結果、農業の開始による食糧の安定供給が進み、そして社会的余剰が蓄積されて階層的社会と都市が形成された、と従来は説明されていた。西洋文明的なV.G.チャイルドによる「新石器革命」モデルである。しかし近年は、このモデルへの批判として、環境と人間との関わりに対する認識の変化こそが先にあり、あくまでそれが農業に繋がったのだとする、J.コヴァンの「シンボリック革命」が提唱されている。

　従来の農業・定住の開始が精神世界の発達を促したとするV.G.チャイルド的歴史観へのこの反証が、まだ土器生産がない新石器時代である先土器新石器時代（前9,000年頃〜前8,300年頃）の狩猟採集生活社会による、南東アナトリアの、非常に造形性に優れた《ギョベックリ・テペ出土T字型石柱》（図11）である。美術こそ視覚的認知行為であるとき、そして本稿でのようにまだ文字のない先史時代を考察するときに、何が造形的に表現されているかを研究することは最も重要な方法である。ギョ

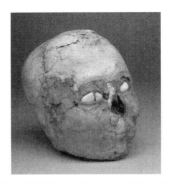

図12　頭骨埋葬されたプラスターで復顔した頭蓋骨
先土器新石器時代、前8200-7500年頃、レヴァント、イェリコ出土、大英博物館

　ベックリ・テペの円形竪穴遺構に立つこの5メートル程の巨大石柱はおそらく男性人間を象り、そこには狐、蛇、猪、蠍、人間等を象った浮彫が施されている。このギョベックリ・テペは日常生活に適さない山頂に立地しており、生活痕が希薄である。一方で、この地を囲む多くの地域の様々な型式の尖頭器が出土している。以上からこの円形竪穴遺構は、居住集落ではなく、幾つかの様々な文化圏に跨がる多様な共同体を、儀礼と美術により統合する祭祀センターであると解釈されている。

　つまり、この円形竪穴遺構附属の巨大石柱とそこに施された浮彫は、非常に高度にシンボリックな世界観の可視化表現であると解釈されている。よってそれは宗教美術であり、宗教図像の力が文化の異なる多地域の共同体を統合し、その旗の下に人々を結び付ける機能を有していたのである。その旗の下に人々を紐帯するトーテムとしての美術である。

　そして、ここで表されている「世界」は、死後の世界のみであるとは全く限らない。むしろ、この世もあの世も連続していたのかもしれない。そもそも、そこでは人間も、狐、蛇、猪、蠍も、同じくこの世界の構成員なのである。現代人が考える「世界」の構成者は特権的な我々人間のみだが、前近代までは遙かに多様な存在が想定された実に豊かな「世界」が此方と彼方に広がっていたのである[15]。

　勿論、農耕牧畜社会でも精神世界は発達し、特に埋葬儀礼に独自性を認めることができる。先土器新石器時代には頭骨埋葬が盛んで、遺体から頭蓋骨が外され別途埋葬された。レヴァントのイェリコ等からの《頭骨埋葬されたプラスターで復顔した頭蓋骨》（図12）では、頭骨を復顔した上に眼窩に貝殻が嵌め込まれ、頭骨は生きているが如くに漆喰彩色されていた。人は死後も眼を持ち見開き、それによって死につつもこの生の世界を見ていたのである。ここには死後も継続する人格という「魂」の存在、その眼でもって観ている「死後の世界」の存在を明確に認めることができる。

　一方で、多数の頭骨や人骨を1カ所に集め二次埋葬する事例もあることから、個人のアイデンティティは重視されていない。つまり個としての記憶よりも、農耕牧畜社会において、集団に共通の祖先の崇拝により共同体の小単位である氏族の紐帯の強化が図られたと解釈される。個ではなく、不特定だが共通の祖先の霊を祀るという機能は日本的で我々にも馴染みがある考え方である。

　さらには、頭骨埋葬事例は老若男女を問わない。また頭の無い動物骨格に伴って漆喰塗り人間頭骨が検出される埋葬事例もあることから、祖先崇拝以外の何かをも目的とした、頭部に宿る生命力や繁殖力に係わる、より一般的な儀礼とも解される。ここでも、人間と動物の境は決して相互に不可侵なのではない。むしろより豊かな世界が死の此方と彼方に広がっていたのである

　但し、全体としては、新石器時代の美術には、旧石器時代のような迫力ある美術は少ない。旧石器時代のコンソの《アシュール型石器》の特に《ピック》には、人間によりその身体の延長として自然界から人工的に抽出された強い生命のリズムのダンスを感取できた。石器とは歯牙のないホモが肉を切り分けることを可能とする手段であったが、それはこれ以降アポロ11号やインターネット等に至るまでヒトが作り出すこととなる、機能拡張のための人工的な人体の延長・外延の始源である。自然物をそのまま道具として使うのと異なり、既に脳内にある完成態に近づけ

るというその創作行為は概念の具現化・具象化である。肉食のための道具である石器だけでなく、肉食に関わる絵画も同様である。それは肉食に関わる愉悦の造形でもあり、生を言祝ぐ意味で根源的な美術であった。しかしこのような狩猟採集による食糧獲得社会から、農耕牧畜による食糧生産社会へと転換が進んだ新石器時代において、美術は迫力を失った。肉に昂ぶることが少なくなったからであろうか。

国家のメメント・モリ

　一方で、農耕による食糧生産社会こそが、人類が「戦争」を始めた根本原因だとする考え方もある。国家の三要素は「人民」、「権力」、そして境界で区切られた不動産としての「領域」であるとき、この「領域」の概念が生じたのが農耕社会である。それを巡り原初的な「国家」の「戦争」が新石器時代に始まったのである。ならば、例えば日本では靖国神社まで直結する「国家のメメント・モリ」も、このときに始まったのである。「国家」こそ死を想い、国葬地を造営する。多くの戦争は「国家」単位で行われるからである。

　古代西アジアにおいては、王墓があり、また王の戦勝を記念する碑や浮彫も多くありその中に敵の死者が表現されることはある。しかし自国の戦没者の墓あるいは多くの戦没者の墓が集まる記念碑的な墓地はないのではないだろうか。一方、古代ギリシアには個別の戦死者の墓があった。例えば前530年頃のアルカイック時代のアッティカのアナビュソス出土の《クロイソスのクーロス》である。クーロスとはアルカイック時代の男性裸体立像の総称であるが、一般にはその機能は判然とはしない。しかしこのクーロスの碑文には「立ちどまって死せるクロイソスの／墓標の傍らで嘆いてくれ／荒々しい（戦いの神）アレスが／最前列で戦っていた彼を滅ぼした」とあり、明らかに個別の戦死者の墓標であったことがわかる。そしてアテナイにはその郊外ケラメイコスに「国家の墓地」（デモシオン・セーマ、Dêmosion Sêma）があった。前431/430年にはペロポネソス戦争での戦没者の国葬が営まれ、将軍ペリクレスが葬送演説を

行った[16]が、それは当時で既に「父祖伝来の決まり事」であったようだ。実際アテナイでは既にペルシア戦争直後の前479/478年に、ペルシア戦争戦没者の墓を飾り、葬送競技会、葬送演説会が行われたようである[17]。戦没者国葬制度は古来、アテナイだけでなく古代ギリシア世界各地で実施されていた[18]。古代ギリシアのポリスに王はいなく、市民から構成された都市国家であった。そもそも市民皆兵が原則であるから市民は全て兵士であった。そのような市民に拠って構成される国家だからこそ、戦没者のための国葬制度があったのである。

　勿論、古代ギリシアの「市民」の概念は現代からみれば極めて限定的である。市民皆兵原則とは即ち、筋肉的に弱い女性は兵士とはならないことを意味し、ゆえに女性は市民でないことをも意味する。外国人、奴隷も市民ではない。王政に対する批判として17世紀のイギリス市民革命、18世紀のフランス革命を経た近代国家においても、市民の概念の拡充には時間がかかり、未だにその途上にある。特に兵士は未だに多くが男性である。

　しかし以上を踏まえても、公的なメメント・モリを考える際には「国葬」とその歴史を検討すべきである。日本では全国に多くの陸軍墓地、海軍埋葬地、千鳥ヶ淵戦没者墓苑（国葬地、National Cemetery）、そして靖国神社、その他の多くの施設がある。勿論、南北戦争に端を発するアーリントン国立墓地を代表とする多くの国立墓地がアメリカにあり、諸外国にも多くの国葬地がある。

　一方で、実際に「個」の遺骨が埋葬されていたり御霊が招魂され祭神とされている事例ではなく、また例えばキャンベラやメルボルンの戦争紀念館や、盧溝橋の中国人民抗日戦争紀念館などの戦争と戦没者を祈念するのでもなく、純粋に国家全体のメメント・モリを祈念する施設もある。日本の帝国議会議事堂そのものである。鈴木博之氏[19]によれば、大倉喜八郎による神戸の伊藤博文殉死モニュメントを間に挟んで、古代ギリシア世界のエーゲ海東岸ハリカルナッソスの前350年頃の墓廟マウソレイオンを踏まえているという。もしもそうであるならば国会議事堂は、

議会制政治制度をつくり最初の内閣総理大臣であり国家のために殉じた先達の墓廟に他ならず、そこに参集する議員に公的な死を想えと諭すメメント・モリの国家装置である。

　本テーマに関しては紙数も尽きたので別稿に譲りたい。

さいごに〜メメント・モリと生きる

　結局、死ぬのは個なのではあろう。集団で、さらにたとえ同時に、死ぬ場合でも、結局死そのものには個々に遭遇するものなのかもしれない。死は私的でしかありえないのかもしれない。その上で、本稿では敢えて「公的」な死をも考察した。長い歴史的展望の中にヒトと死の関係を見てきた。

　600万年にわたるヒトの系統樹において絶滅という死が繰り返されてきたことを考え、現在最後の、そして唯一のヒトであるホモ・サピエンスの死を想起し、それを予見するクロード・レヴィ＝ストロースの警句に逆らうことを試みたいと想った。その特にホモ・サピエンスが、死と「魂」というものを発見し、徐々に自分自身とその死を客体視してゆき、死の向こうに「天国」を創造してゆく過程を、「美術」を利用して考察した。時間という概念も創出される中で、我々は今の時間の先に死があることを常に想起するようになったのである。生きている今、死を抱き続けることが生となった。ゲオルク・ジンメルの言うように「われわれの生は本来前景でしかなく、その背後には、ただ一つの確かなものとして死が控えている」[20]のである。これが我々が到達したメメント・モリである。

　そのような想いは通常はやはり個別に抱くものである。しかしそれを敢えて、国家のみならずホモ・サピエンスという集団全体という公的レベルにまでも引き上げて考えて、且つ我が事と捉えることが、人新世に生きる我々たちにこそ必要である。遠い過去から遠い未来への長い展望のもとでの個を越えた公的な視座でメメント・モリを認識し、それを現在の具体的な施策や倫理規範に落とし込むべきである。未来への期待と共に本稿を終える。

第二部

註

1 「memento mori －死を想え－」の題名で、新入生対象に毎年4月から開講される東北大学の全学教育科目の授業。学内各部局の教員等が十数名、講師となって自分の専門に沿った授業を一人一コマづつ担当するオムニバス形式で実施する。

2 川田順造訳『悲しき熱帯』中央公論新社, 2001, pp.425f.（Claude Lévi-Strauss, *Tristes tropiques*, Paris, 1955）

3 *Odes* I.xi.8:

4 "Let me assure you, the situation is under control. It has never done and will never do any damage to Tokyo." At the session of the International Olympic Committee on September 7, 2013 in Buenos Aires.（Prime Minister of Japan and His Cabinet, HP. https://japan.kantei.go.jp/96_abe/statement/201309/07ioc_presentation_e.html 2021年8月20日閲覧）

5 アンドレ・ルロワ＝グーラン、蔵持不三也訳、『世界の根源』ちくま学芸文庫, 2019、pp.166f.（André Leroi-Gourhan, *Les Racines du monde*, Belford, Paris, 1982）

6 A. ルロワ＝グーラン、蔵持不三也訳、『先史時代の宗教と芸術』、日本エディタースクール出版部、1985、p.5.（André Leroi-Gourhan, *Les religions de la préhistoire*, Presses Universitaires de France, Paris, 1964）

7 青柳正規、青柳正規・大貫良夫編、『世界美術大全集　西洋編1・先史美術と中南米美術01』、小学館、1995、p.9.

8 芳賀満「古代1 原始美術・西アジア美術・エジプト美術」、秋山聰・田中正之監修『ライブラリー西洋美術史』美術出版社2021に先史美術に係わるより詳細な記述がある。

9 Gen Suwa, et al., *The Early Acheulean. Konso, Ethiopia*, University of Tokyo, 2017, p.8.

10 D. L. Hoffmann et al., "U-Th dating of carbonate crusts reveals Neandertal origin of Iberian cave art", in Science, 2018.2.23（Vol.359, Issue 6378）, pp.912-915; Tim Appenzeller, "Europe's first artists were Neandertals. Spanish cave paintings date to before modern humans arrived in region", in *Science*, 2018.2.23（Vol.359, Issue 6378）; Science Advances 2021.1.13 vol7.

11 岡田英弘『世界史の誕生』ちくま文庫 p.32.

12 R. Solecki, *Shanidar. The First Flower People*, 1971. なお1号男性遺体は、頭部に大怪我を負い右腕を欠き左目は失明していたが、当時の天寿を全うして埋葬された、と発掘者により解釈されている。もしもこの解釈が正しいならば、狩猟採集社会であった当時、この1号男性はその活動に従事することは不可能であったが、所属集団でこの男性を支えていた、ことになる。つまり、狩猟採集に関わる知識・知恵、あるいは単なる「愛情」ゆえであるのかはわからないが、集団はこの男性には何らかの価値を認めていたのであり、その結果としてのヒトの「介護」の最初期の事例となる。

13 Daniella E. Bar-Yosef Mayer, Bernard Vandermeersch Ofer Bar-Yosef, "Shells and ochre in Middle Paleolithic Qafzeh Cave, Israel: indications for modern behavior", *Journal of Human Evolution March* 56(3), 2009, pp.307-314.

14　なお、こうした視覚領域における高度な精神活動は「西洋」のみの特権ではなく、同時期の「東洋」にもある。近年インドネシア、スラウェシ島、レアン・ブルシボン4洞窟で4万5,500年前に遡る《スラウェシ島洞窟絵画》が発見された。猪や小型水牛、そしてそれらに向き合う獣の尾や鼻の特徴を持つ6人程の狩人が描かれた狩猟場面で、「物語」が表現されている既知最古の絵画である。東洋と西洋でほぼ同時期に具象画が顕著に発達したのであり、抽象的・創造的思考能力を示す絵画の起源は西洋ではない。M. Aubert, R. Lebe, A. A. Oktaviana, M. Tang, B. Burhan, Hamrullah, A. Jusdi, Abdullah, B. Hakim, J.-x. Zhao, I. M. Geria, P. H. Sulistyarto, R. Sardi, A. Brumm, "Earliest hunting scene in prehistoric art" *Nature* 576, 442 –445 (2019).

15　佐藤弘夫「草木供養塔を前にして思うコロナウィルスは成仏できるのかと…」『月刊住職』2021.7, pp.112-117. から示唆を受けた。なお西アジアは旧約聖書の世界でもあり、この地の旧石器・青銅器時代の研究はその観点から西洋人によって進められてきた側面も強い。しかし近年は、この旧約聖書的理解のためのキリスト教からの解釈からは学問は自由になりつつある。

16　ツキジデス、II.34.1-46.2.

17　ディオドロス、XI.33.3.

18　馬場恵二「古代ギリシアの戦没者国葬と私人墓」『駿台史學』93、1995、pp.28-100.

19　鈴木博之『日本の地霊〔ゲニウス・ロキ〕』（講談社現代新書）講談社 1999, pp.10-27.

20　川村二郎訳『芸術の哲学』白水社、1975.

図出典

図1：国立科学博物館編『日本人はるかな旅』NHK、2001, fig.1-1

図2：国立科学博物館編、2001, fig.1-3

図3：Gen Suwa, et al., *The Early Acheulean. Konso, Ethiopia*, University of Tokyo, 2017, p.24;

図4：ケンブリッジ大学、考古学・人類学博物館
　　HP http://maa.cam.ac.uk/maa-highlights/britainireland/prehistoric/（2021年9月1日閲覧）

図5：https://www.donsmaps.com/willendorf.html（2021年9月1日閲覧）

図6：*Science*, 23 February, 2018, vol.359, Issue 6378, p.852

図7：青柳、大貫編、1995、挿図3

図8：秋山聰・田中正之監修『ライブラリー西洋美術史』美術出版社 2021, 図1-30

図9：青柳、大貫編、1995、図版13

図10：青柳、大貫編、1995、挿図13

図11：UNESCO World Heritage
　　HP https://whc.unesco.org/en/list/1572/gallery/（2021年9月1日閲覧）;

図12：大英博物館 HP https://www.britishmuseum.org/collection/object/W_1954-0215-1
　　（2021年9月1日閲覧）

第七章　唯物論者の死生学

山口　隆美

はじめに

　自然科学は霊魂とか地獄・天国といった死後の世界など、超自然のモ
ノ、コトを対象とはしない。この世界に生きているすべての生物が死ぬ
ということは、厳然たる経験的事実である。経験科学としての生物学
は、死んだあとの生命体は最終的に分解されて、それを構成する元素に
還元されるという物質的な経過以外のことがらに興味をもたない。実
は、私の死生に関する考えは、これで必要かつ十分なのでこれ以上の議
論は無意味ではある。

　しかし、私は若かったときに短期間ではあったが、臨床外科医を経験
し、研究者・教員を退いてから、介護老人保健施設の手伝いをしているこ
ともあって、職業上、普通の人よりは多く、人の死を経験してはいる。
もちろん、世の中には、もっと数多くの人の死に関する経験をもってい
る人もあり、私などが死生についてあれこれ述べるのは、烏滸がましい
ことではある。本稿を依頼されたこの叢書は、私が大学教員としての経
歴の最後にお世話になった東北大学教養教育院の企画によるものであ
る。東北大学教養教育院は、小規模ながら、文系・理系を問わない幅広い
教員経験者の集う貴重な組織であって、もっぱら、大学初年級の学生を
対象として教養とは何かについて問いかけることを任務とするものであ
ると理解してきた。したがって、上述のごとき経歴と経験からする意見
もまた議論に資するところもあるかと考え直して、よしなしごとを書き付
けてみることにする。

第二部

第一節　人の死の諸相と死の場所について

　最近は全く流行らないが、実存主義の大哲学者として知られたジャン・ポール・サルトルのパートナーであったシモーヌ・ド・ボーヴォワールに「人はすべて死す」[1] というタイトルで、不老不死の主人公に語らせる小説があった。あらためて確認するまでもなく人はすべて死ぬ。知られている限り、死者は決して生還しないので、我々にとって、死というもの（ないし、こと）がどういう経験なのかは、永遠の謎である。一方、大方の生物も同様に死ぬので、生理学的な意味での死には、ある程度の合意がある。それは、不可逆的な生命機能の停止ということで、その延長上に、放置すればその状態に至るであろうという推測に基づく死の判定ーいわゆる脳死ということも含まれる。

　昨今の我が国の大学が巻き込まれて大いに迷惑している大学ランキングをはじめたのも、英国の出版業界であるが、イギリス人は、とにかくランキングが好きで、クオリティ・オブ・デス（死の質と訳すのだろうか）の世界ランキングというものがある[2]。最新の 2015 年版のそれでは、英国が 1 位で、日本は 14 位だそうである。厚生労働省から葬儀業界まで、他の指標と同様に、この数字をみて、何とか順位を上げなければならないと言っているようだが、そこには大きな誤解もあるようだ。このランキングで取り上げられている評価は、いわゆる緩和医療の問題であって、つまり、死ぬまでの過程、いきている間のケアの問題なのである。死ぬことそれ自体は、考慮されていない。

　エリザベス・キューブラー・ロスという人の「死ぬ瞬間」[3] という往年のベストセラーがあって、事例の紹介を含めて、ひとが死ぬまでの過程を論じ、世界の死生学に大きな影響があったようだが、これも、実は、"死ぬまで"の生きている間の話であって、死そのものが取り上げられているわけではない。それも、実例は、がんー悪性腫瘍のものが大多数である。実際、がんは近年の最大の死因であるから人々の関心が高いのは当然といえば当然であるが、多くのがんによる死亡には、他の死亡にはない際立つ特色がある。詳しくは後述するが、最近では、日本でも医師

はがんの患者に告知することが普通になっているから、現代において、がんで死ぬひとは、自分ががんで死ぬことを自覚して死ぬ。がんに罹患すること、そのがんで死ぬことは、その患者さんにとっては避けられないことである。

　これに対して、もう一つの死の類型がある。それは、老耄の果ての死である。これにも千差万別のパターンがあるが、典型的には長期にわたる知的水準の低下（認知障害）の果てに全身状態が低下して最終的に死に至る。私が臨床医になった50年前には、こういう死でも、最終的に生命を停止させるに至った何らかの疾病がある筈だという考えが医学の主流で、死亡診断書の死因の項目には肺炎などと書いたものだが、最近では老衰と書くことも多く、したがって、老衰が死因統計の上位に出てくるようになっている。このような死では、少なくとも他人の眼には本人が死を意識しているかどうかは判らない。枯れ木が倒れるように、という比喩があるが、80歳台、90歳台の老人の死にはこういうパターンが大部分である。医学的に表現すれば、がんの死が急性の死であるならば、慢性の死と呼ぶことができ、生と死とは連続しているように見える。こういうお年寄りは、比較的意識がはっきりしている段階では、死ぬことの恐怖を訴えることは少ない。

　死の場所も社会的に大きな問題である。現代社会では、大多数の人は、病院など何らかの施設で死ぬ [4]。病院など医療施設における死の情景もこの数十年で大きく変わった。そもそも、現在の日本の保健福祉政策では、病院は治療可能な急性疾患にその資源を集中することが期待・誘導されており、それ以外の死は病院の機能的な分担範囲から排除されている。したがって、上述の慢性死は、病院以外の施設で看取られることになる。そこでは、積極的な治療は行われないので、自然に呼吸と心拍動が停止すると死亡が確認される。多くの場合、そのような施設に入所した段階、あるいは、生命の危機が迫ったときには、患者家族と施設の間で、DNAR同意が取られるので、心肺停止しても医師も看護師も何もしない。DNAR合意とは、Do Not Attempt to Resuscitate の頭文字をとっ

たもので、「蘇生を試みない」こと、と解されている。具体的には、気管内挿管・人工呼吸、心臓マッサージ、昇圧・強心剤の注射などをしないことを指す。DNAR 下の死は静かなものである。自発呼吸が停止すると、短時間で心停止がおこり、死亡が確認される。

　そういうことなら、何も、病院や施設に入れることはないのではないかというのも道理で、自宅で死ぬことも、それ自身は難しくない。在宅医療で、往診をして、死亡診断書を書いてくれる医師がいるなら、自宅で息を引き取ることはできる。ただし、死亡以前に、介護が必要な時期があり、その負担に家族が耐えられるかどうかということは考慮する必要がある。実際、数 10 年前に遡れば、都市部でなければ、普通の死はこういうものであったようだ。最近でも、筆者の先輩の医師で、高齢のお母さんをこのようにして看取った人がいるが、自宅の布団のうえで、家族が見守るなか、呼吸が停止すると、ほぼ、同時に心臓も止まり、安楽なものであったとのことであった。このような場合、医師の役割は、死亡を宣告して、死亡診断書を発行するだけで、何らの特別な医療機器も不要である。極端な話、聴診器すらいらない。一目瞭然、見ればわかる。

第二節　自殺と安楽死ないし尊厳死

　死の話題を論じるのに、自殺と（その一形態である）安楽死ないし尊厳死に触れないのは片手落ちというものである。イギリスでは、1961 年に立法がなされるまでは、自殺は違法行為であった。ちなみに、同性愛が違法でなくなったのも、同時代の 1967 年であった。さしずめ、同性愛の廉で訴追され、そのホルモン"治療中"に自殺したアラン・チューリングなどは、2 重の違法行為を働いたことになる[5]。大ベストセラーであった「育児の百科」を書いた松田道雄の最晩年（1997）の著書である『安楽に死にたい』[6] には、87 歳の老人となった著者が感じる医療と安楽な死の問題を論じる。これを読むと、我が国社会は、この 20 年ほどで、劇的に変わったことが実感される。20 世紀の終わりには、老人は安楽に死なせてもらえなかったのは事実だ。しかし、急速にすすむ高齢化に

よって、老人の死は主観的に安楽か否かは別として、松田道雄が希望した方向に急速に変わりつつある。私が勤務する老健施設における最近の経験もそれを裏付ける。老人が変わったのではなく、老人を取り巻く人々と、その暗黙の支持のもとにある保健政策の変化が背景にある。それには、介護保険の導入により、老人介護が医療から経済的に切り離されたことが大きい。松田道雄が絶望していた医療の名の下の老人の虐待（クスリ漬け、過剰診療）は少なくとも介護保険制度の下にある老人施設では根絶とまでは行かないが、極めて減少したものと実感される。それは、とにかく、それをすると儲からないからである。介護保険制度は、その意味では、徹底的な人間（医者）不信に基づく、よくできた仕組みで、老人施設には過剰な医療を行うインセンティブがないのである。何種類もある老人介護施設のうち、介護老人保健施設（いわゆる老健）しか知見がないが、多分、特別養護老人ホームなどでも同様に、それぞれの施設は定員の入所者を確保（人口の高齢化で、今は、それは困難ではない）さえしていれば、多少低めではあれ安定した経営が保証されている。このため、全国的な規模でチェーン化された企業体が多数存在する。

　安楽死とは、少なくとも常識的な範囲では、死期のせまった個人が意識的に選択する自殺である。もちろん、この条件から逸脱する"安楽"死も、歴史的にみれば少なくない。典型的なものは、ドイツで、ナチスによって大々的に実施された、障害児、精神障害者に対する集団殺害である。"生きるに値しない"と認定された対象者は病院・収容施設などで、ガス、薬物などにより殺害された。優性思想に基づくこのような虐殺は、別にナチスドイツの専売特許ではなく、アメリカでも、他のヨーロッパ諸国でも大量の犠牲者を出したことが知られている。このような"安楽"死は、自殺ではなく、明々白々たる他殺である。松田道雄や、その他の尊厳死を唱道するひとびとの安楽死は、回復不能な病人の自殺および自殺幇助にあたる行為を指す。これも、回復不能とは何か、苦しむ患者当人の選択は正しいかといった多くの問題を含む。自殺にいろいろな手段があるように、安楽死にも多様なやり方が考えられる。一番多い

のは、多分、薬物によるもので、苦痛を意識しないで済むのは、米国な
どで死刑に使用されている静脈麻酔剤の投与であろう⁽⁷⁾。先日、NHKテ
レビで報じられて話題となった ALS（筋萎縮性側索硬化症）の患者さん
がスイスに赴いて安楽死した例もこの方法によるものであったようだ⁽⁸⁾。
オランダなどで公認されている方法も同じである。私が若かったとき
に、系列の病院の外科の教授が自殺したのは、自分で、点滴をつない
で、精神安定剤と、呼吸筋を麻痺させる筋弛緩剤を注入するという方法
によるものであった。首尾良く（という表現が正しいかどうか判らない
が）自殺できたところをみると、十分な量の精神安定剤を使用したもの
と思われるが、その用量には多少の注意が必要であるだろう。それが不
足だと、筋弛緩剤の注入による呼吸停止は苦しいものと思われる。静脈
麻酔剤の投与でも、十分量を投与すれば大丈夫そうであるが、米国の死
刑の例でも、なかなか死なない困難例もあるようである。死刑は、執行
する刑吏がいるから、うまく行かなければ薬剤を追加することも可能だ
ろうが、単独の自殺の場合はそういうことは期待できない。

　こういう場合、自殺する本人はもちろん現行の我が国の法律では罪に
問われることはないが、誰かが手伝えば、当然のこととして自殺幇助罪
になる。安楽死にまつわる議論というのは、現実的には、この自殺幇助
を免責するかどうか、免責するとすれば、その条件や如何という問題に
なる。いわゆる東海大学事件に対する横浜地裁判決（1995 年）⁽⁹⁾が、「積
極的安楽死」4 要件で 1）患者の耐えがたい肉体的苦痛 2）生命の短縮
を承諾する患者の明確な意思表示 3）死が避けられず死期が迫ってい
る 4）苦痛の除去などのため方法を尽くし、他に代替手段がないという
条件を示したが、これも広く受け入れられているとは言いがたい。最近
も、国内で ALS の患者の請託によって安楽死を施行したと主張する医師
2 名が逮捕・起訴されており、それに対するマスコミ等からのネガティ
ブ・キャンペーンが喧しい。このキャンペーンを見ていると、上記のよう
な条件、あるいは、根本的に安楽死が許されないのかどうかという議論
は少ないようだ。現実の ALS 医療においては、病状が進行して、気管内

挿管・人工呼吸の必要な状態になったときに、それを拒否する患者が多数存在し、結果緩慢な自殺を遂げることはあまり報道されない。高齢の老人が、慢性疾患あるいは老衰のために老人施設で死ぬ場合も、本人は明確な意思表明をできない、あるいは、しない場合でも、家族の意向にそって、積極的な治療を控えるのが一般的であり、これを DNAR と呼ぶというのは先述した通りであるが、これも、消極的な安楽死と呼べないこともない。

第三節　死の社会的取り扱い

　日本の法律では、死亡診断から 24 時間は埋葬（火葬を含む）することはできず、そこから先は、医師・医療関係者の関与する場面ではなく、葬祭業者の取り扱う領域である。つまり、生命現象が停止したら、すべては終わりであるというのが医学の立場である。欧米だと、こういう場面に聖職者がいて、たとえば、カトリックならば終油の秘蹟を施すということもあるらしいが、日本では珍しい。ずっと以前になるが、受け持ちだったキリスト教の信者が病院の大部屋で亡くなったとき、同信の人々が、ベッドを取り囲んで賛美歌を歌うので他の患者ともども閉口したことがあったが、これは日本では例外的な死である。いわんや、死に行く患者の枕元に仏僧が来たなどというのは見たことがない。

　現代では、人が親しい知り合いに囲まれて意識明晰のままに死ぬというのは中々に困難なことであるが、プラトンの対話編『パイドン』(10) に描かれたソクラテスの死はまさにこのようなものである。『ソクラテスの弁明』(11) に見るソクラテスの裁判は、確かに不条理なもので、クリトン等のソクラテスの友人・支持者たちが判決を無視して逃亡することをすすめるのは後世の我々からみれば当を得ているように思われる。しかし、ソクラテスは逃亡をすすめるクリトンの言を退け、デロス島へ派遣された祝祭船が帰港したその日に多数の親しい友人たちの前で毒をあおいで死ぬ。周知のように使われた毒はドクニンジンで、これは末梢の神経を麻痺させるが、最後まで意識は保たれるとされている。ソクラテスその

人は従容として死んだが、周囲の人々はそうでなかったようで、パイドンを下敷きに、ダヴィッドが描いた絵に見られるとおりである。死を嘆き悲しむのは生者であり、死者ではない。ここでも、再度、死が問題であるのは生者にとってなのである。

　昨今の病院や老人施設では、いわゆる新型コロナウイルス感染症流行のために、家族などの面会が極度に制限されているので、死の床でも家族が愁嘆場を演ずるという風景はあまり見られない。ピタゴラス派の人たちは、死というものは善きものであり、神聖なものであるがゆえにそれは静謐のうちにあらねばならないとしたそうだが、まさにそうなっている。随分と以前にみた映画だが、ククーシュカというラップランドのサーミ人の未亡人が、太鼓を鳴らして死んだ恋人を招魂する場面を思い出す [12]。騒がしくすると魂は戻ってきてしまうのだ。ククーシュカは、無事、恋人を呼び戻すことができたが、これは例外で、古来、愛する死者を甦らせる試みは、オルフェウスにせよ、伊弉諾尊にせよ、取り戻そうとする生者の何らかの過ちにより失敗することになっている。

第四節　死者と残る生者

　死者は過失を犯すことはない。残された生者は過失を悔やむ。死んでから、ああしてやれば良かった、こうしてやれば、命を長らえることもできたのではないかということを思う。重症ないし危篤の床の回りで、大部分の近親者がほぼ納得している時に、あれこれ騒ぐ親戚がいる。アメリカでは、これをカリフォルニアの娘問題と呼ぶらしい。普段、カリフォルニアのような遠方に住んでいて顔も見せないのに、臨終の場に現れて、近親者がちゃんと医療を受けさせなかったから、つまり、生者の過失で当の死者は死んだのだと騒ぐという、日本でもよくある話である。無論、その背後には、普段何もしていなかったという負い目があるわけで、私の勤める施設でも、最近、カナダの息子問題というのがあった。カナダに行ったきり、何10年も帰っていなかった一人息子が、母親が高齢で衰弱して入所したら現れた。現れるなり、いわゆるカナダ出羽

守を振り回し、日本の医療・医学は遅れていると非難し、通じないと見るや、ぷいとカナダに帰ってしまった。件の母親は認知症がますます進行して（ま、息子が来たせいではないが）あっさり亡くなってしまった。

　人はすべて死ぬということを受け入れられないという近親者の別のパターンもある。つまり、人が死ぬのは、医療の不備ないし不足、医療者の過失ないし故意のためであるとするパターンである。こういう人は、DNARを受け入れない。ついには、DNARを口にする施設あるいは病院を拒否するのである。設備と人員が整っている施設に行けば、必ず助かると信じている。もちろん、若年者、とくに、子供をもつ親は多かれ少なかれこの傾向があるし、その気持ちはよく分かる。しかし、如何にこのごろ平均寿命が延びたといっても、90歳を越し認知症が進んだ老人について、このようなことを主張されると大いに困惑せざるを得ない。もう、自力で食物を摂取できず、応答もはっきりしない老人に、鼻からカテーテルを入れて、あるいは胃瘻を造って必要エネルギーを無理に流し込むことを強硬に要求する家族がいる。こういう言い方が、そもそも否定的であるが、こちらのその気分を敏感に察知して抗議する。つまり、助ける気がないのであろうと。このごろは、こういう、いわゆるスパゲッティ症候群に対する理解が進んで、話をすれば納得する家族が多いのだが、たまにはこういう人がいる。ここでも、問題なのは死者ないし死に行く当人なのではない。

第五節　宗教と死

　なぜ、近親者の死を受け入れられないのか、という疑問にはいくつかの解答がありえる。そもそも人は死なないとする宗教もある。普通の（何をもって普通とするか、というのは難しいが）宗教では、一応、人の死という現象はみとめて、そのかわりに、死後の生があるとするものが大多数であるようだ。キリスト教、イスラム教など、中東起源の啓示宗教ではそうである。ヒンズー教、仏教などのなかには、そうでないものもあるが、一般的には極楽とか地獄とか死後の世界があるとするのであ

るから、死の存在はその根拠として必要であるだろう。どんな死後の世界も、そこから帰ってくる死者がいなければ、それが、どういう世界であるのかについては、いわば言いたい放題であって、現世の宗教者が勝手にお話をでっち上げる（というのが言い過ぎなら、想像すると言おうか）のだ。これまた、大部分の宗教では、善行を積めば極楽に往生し、悪事を重ねて悔い改めなければ地獄に行くというのが相場である。人間、余程の聖人でも、生涯にいかなる悪事＝罪も全く犯さないということはないだろうから、それでも極楽ないしは天国に往生したければ、何らかの償いをしなければならない。お祈りくらいですめば穏当なのだが、大概の宗教者というのは、やくざと同じで“誠意をみせろ”ということになる。そうすると、命の次に、あるいは命より大事なものを差し出せ、つまり、金を出せというわけだ。天国と地獄しかない宗教では、地獄の沙汰も金次第、つまり、待遇の改善は可能だが、一旦地獄に行ったら天国にすくい上げてもらうのは蜘蛛の糸ぐらいにしか頼れない。これに対して、天国と地獄の中間に煉獄というものがあって、本人の努力だけではなく、近親者などの努力（というのは、つまり、くどいけれども金）で、何とかなるんだという大発明を思いついた宗教もあって [13]、これは、とにかく大儲けをしている。

　ヨーロッパを旅行していると、至るところに修道院がある。大概は、人里離れた田舎にあることが多いようだが、あえて町中にあるものもある。場所の問題と同じで、どのくらい厳格に俗世と交わらないかということもいろいろある。数年前に話題になった『大いなる沈黙へ——グランド・シャルトルーズ修道院』という記録映画 [14] では、フレンチアルプスの山中のラ・グランド・シャルトルーズ修道院の生活を映画監督がたった一人で同居させてもらって、6ヶ月間、このごろのテレビ用語で言えば、密着取材したものである。修道士たちは、外界から切り離された修道院の個室（ちなみに、このような個室を cell と呼び、生物の細胞 cell の語源である）で、基本、祈りに明け暮れる。修道院が大流行した中世のヨーロッパ社会では、力と（しつこいが）金のある一族からは、一定の

割合で、修道士を出すことが多かったそうだ。それは、俗世にいて、悪事の限りを尽くしている親戚縁者の昇天を神に祈らせるためであり、一族から修道士を出せば、他のメンバーは安心して悪逆非道を尽くすことができるというわけである。スペインあたりでは、修道院に娘をいれる持参金は、他人の家に嫁がせるためのそれより安いので、修道女にするというひどい話もあったようだ。これは、別にヨーロッパ＝キリスト教社会に特有の事情ではなく、日本の仏教でも、門跡制度ということで当たり前にあったことでもある。つまり、宗教（の全部とは言わないが、大部分）では、死後の世界をネタにした脅迫で、いろいろな制度が成り立っている。

　大部分の宗教では、死後の世界があることになっているが、原理的には、キリスト教では、イエス＝キリストの再臨があることになっていて、最期の審判というのが行われる。文字通りにとれば、最期の審判に際しては、墓のなかの死人がよみがえり、生前の行いにしたがって審判をうけて、永遠に赦されるか、断罪されて永劫の責め苦にあうかが決まる。だから、死人の体をとっておかなければいけないわけで、火葬して、挙げ句の果てに粉砕してそこら辺に撒いてしまうなどということは、もっての他である。復活させようがないじゃないかという話になる。しかし、だからといって土葬にして埋めておいても、最終的には蛆虫に食われて土に帰ってしまうのだから、同じ事ではないかという話もある。しかし、こういうことを真面目に信じている人のために弁解を考えてあげるなら、火葬にしても、土葬にしても、物質は不滅であるから、我々の体を作っていた原子は、この宇宙には必ず存在するので、万能の神は、そのすべての原子を見つけて再構成して、われわれの体を作るのなどは朝飯前である。そう考えると、つまり、遺体とか遺骨とかいうものを大事にする必要は無いので、ほったらかしにしておけばよい。なんせ、神は無限の情報を操作できるのだから、余計な心配は無用である。1984年に米英のアカデミー賞を総なめにした『アマデウス』という映画[15]では、モーツアルトが死んだときには、個人用のダンプカーみたいな棺桶にい

れられて、遺体が裸で共同の墓穴に放り込まれていたが、それで十分な
のである。放り込んだあとの棺桶は、再利用のために街へ戻っていっ
た。モーツアルトの時代だからそうだというわけではなく、最近といっ
ても、1999年のことであるが、希代の策士として知られたヨルダンの国
王フセイン1世が死んだときの葬儀のテレビ実況中継をみていたら、同じ
ような光景が展開された。葬儀が滞りなく終わって、埋葬になったと
き、フセイン国王の遺体が入っていた豪華な棺の底が抜けて、そこか
ら、布袋に包まれた遺体が墓穴の中に放りだされた。そのときのテレビ
の解説では、アラーの前では死者は裸で向かい合うのだと言っていた。
イスラム教というのは原理的ですっきりしていると感じ入った次第であ
る。

　この伝で言えば、遺体は、少なくともその構成原子のレベルでは、不
滅であるのだから葬儀の形式などはどうでも良いことになる。私が一番
いいなと思っているのは、チベットの鳥葬で、遺体を食べやすいように
刻んで、ハゲタカに与えるのである。これだと、間違いなく昇天するこ
とが保証されていて、実にいいのだが、残念ながら、日本では刑法の死
体遺棄罪にひっかかるようで実行はできない。それに、日本には、そん
なにおおきなハゲタカはいないのも問題である。日本で可能性のあるの
は、カラスであるが、カラスでは食が細くて「はかが行かない」であろ
う。日本の法律では、土葬と火葬と水葬しか想定されておらず、水葬は
条件が厳しいので、平時は航海中の死亡でも、実際には冷凍庫に保存し
て持ち帰り、葬儀をすることが多いそうである。冷凍と言えば、イタリア
の政治家で何期も首相をしたベルルスコーニは、本職はマフィアであるこ
とで有名だが（正確に言えば、どちらが本職かわからない）、その大邸宅
には、巨大な冷凍庫である霊廟が設置されているとささやかれている(16)。
ベルルスコーニの話は、噂であるが、アメリカには、実際に遺体を冷凍
保存することを請け負う会社があって、全身だと大変な料金であるが、
頭だけだとお買い得なそうである。(17) 未来に遺体を解凍して蘇生する技
術が発明されることを期待しているわけだが、こういう発想をする人た

ちというのは、エジプトのミイラの歴史に学んでいない。たかだか数千年で、栄華を極めた文明は砂に埋もれ、墓守の村を作って置いた先見の明は裏切られて、墓守の子孫は、全員墓泥棒専業になるのである。挙げ句、永遠の生が保証されていた筈のミイラは、中国に輸出されて、削り取られて漢方薬にされてしまう。アメリカの冷凍保存会社では、ときどき、冷凍機が故障して冷凍していた筈の遺体が解けてしまうことも多いらしい。もし、それに、未来に無限の能力をもつ科学技術を想定するなら、遺体を保存するなんて面倒なことをしないでも、上で議論したように、すべての原子を集めて再構成すれば良いわけではある。

第六節　儒教・仏教と死

　話が少しぶっ飛びすぎたから、多少、もとに戻すと、結局、多少でもまっとうな理性の持ち主であるなら、死後のことを議論するのは無意味であるという話になる。生きているから議論というものが可能なのであって、それは、ちょうど、ウィトゲンシュタインが、「語ることができないことについては、沈黙するしかない」[18]と言ったのと同じように（勿論、彼はこういう俗な話をしたかったわけではなかろうが）生きている人は死については語り得ないのである。つまり、生きている人の言語は、死について語れないということになる。

　孔子は言った。「未知生、焉知死」（未だ生を知らず、焉くんぞ死を知らん）（論語先進第11）[19]と。生きているということ、あるいは、どう生きるかということもわからないのに、その先にある死などについて論じることはできない。それは、先述のウィトゲンシュタインと同義である。我々の経験と知は、我々が生きていることに立脚しているのだから、その範囲の外にあることについては沈黙するしかないのである。私が思うに、死については、これ以上の言及はあり得ない。このことを大前提にして、生を論じることは可能ではある。つまり、死生学とは、生き方の考察であり、死に方あるいは死後のあり方についての考察ではあり得ない。死後についての古今の言説はすべて生者のあり方についてのもので

あり、よく言って虚妄であり、有り体に言えば詐欺である。宗教も、死後を論じて、現在の生についてあれやこれやの教訓を垂れるものは、すべて虚偽であり、あからさまな脅迫である。

　我々が持っていると思っている意識も、我々の肉体にあるのであり（もしかして脳ではなく、腸にあるのかも知れないが）我々が生きていることに依存している。肉体が活動を止めれば、意識も活動を止めることは自明である。肉体が活動を止めるというのは、一瞬の出来事では無く、有限の時間、継続する過程であり、肉体全体が、一瞬に活動を停止するわけではないから、心臓が止まったあとも、脳の一部は一定の時間、活動を続ける。したがって、酸素が欠乏して神経細胞の代謝が止まっていく過程においては、多彩な誤信号が脳から発せられることは疑いなく、希に死の過程を途中で引き返してきた生還者が、あれこれの臨死体験を語るのも、この影響である。つまり、生きた肉体を離れた魂などというものは存在しない。

　誰も、死ぬことを逃れることができない。死なないことはできないが、それを、ないものと観念することはできる。端的に言えば大乗仏教の思想はそのようなものであると私は勝手に思っている。それにはどうすればよいか、最も短い仏典であることで知られている般若心経によれば、こうである[20]。最高の智恵をもとめる修行（般若波羅蜜多行）をして、すべてのものと出来事には実体がないということを悟る。般若心経の全体を通じて、その主人公である観自在菩薩が、能動的になすことは、このことに尽きる。「照見五蘊皆空」。すなわち、世界と人間は、いくつかの有限の要素からなっているように見えるが、実は、それらは現象であって、確たる実体をもつものではないということを理解する。エピクロス学派以来、現代の物理学に至るまでに明らかにされたように、世界は、原子と空虚な空間からできている。個々の実体があるように見えるもの、ことがらは、そう見えるだけで、次から次へと生起する現象であって、そこにあるのは、そのような現象と現象の関係だけである。光をとってみよう。光は量子であり、粒子として力をもたらす。一方、

光は電磁波であり、電磁波とは、電磁場の振動であって、実体のあるものではない。このこと、つまり、すべては現象の相互関係であるということが分かれば、一切の苦しいことも、面倒なこともない。これを曰く「度一切苦厄」。実体があるように見えるすべてのものは、関係だけであり、また、そのような関係がすべてのものと事柄を生み出すのである。曰く「色即是空」、「空即是色」。これが分かれば、現象や、それを感じる感覚、意識もなく、したがって、苦痛も死も意味がない。そのように悟る智恵もないし、智恵を得ることもない。そういう地平にたつ修行者（菩提薩埵）は心に疑いがない。曰く「心無罣礙」。疑いがなければ、恐怖もない。曰く、「無罣礙故無有恐怖」。そうすると、すべての悩みも苦しみも夢に過ぎない。曰く「遠離一切顛倒夢想」。このような境地を涅槃という。曰く「究竟涅槃」。ここで、注意すべきなのは、五蘊皆空なりと照見することから涅槃までは、必然によって導かれるということである。見方によっては、実に単純明快である。私の言葉で言えば、死んでしまえば、すべては終わりなんだから、あれこれ悩むのは止めよう、ということになる。

　大乗仏教の空の思想というのは、現代物理とも相性が良い。エピクロスの原子というのは、実体であって、世界のすべては原子の結合によってできあがっている。カール・マルクスがその学位論文[21]で論じたのは、古代ギリシャの唯物論哲学におけるエピクロスの原子論とデモクリトスの原子論の違いであった。現代の物理をかじっている立場からいえば、その違いは、力の場をどう取り扱うかという点にある。ギリシャの自然哲学においては、重力場しか知られていなかった。したがって、原子は重力による直線運動をするしかなく、原子と原子が衝突するということを説明できなかった。衝突しなければ結合することはできない。エピクロスは、そこに原子の運動の偏り（偏倚）を導入して、原子の衝突を可能とした。現在の我々の理解に沿えば、分子を構成する原子と原子を結びつけている電磁力を導入したということである。電磁力は、この世界に存在する他の三つの力、いわく、弱い力と強い力、そして重力に比

べれば桁違いに大きく、可視的な世界のすべてを支配している。なぜ、このような4種類の力があって、そのなかで電磁力が桁違いに大きいのかは、いわば、我々の宇宙の本質的な枠組みであって、それを説明する理論は未だに存在しない。そもそも、この説明というものが曲者であって、実は、実体としての力が存在しているのかどうかも分からない。単に説明に過ぎないという見方にも理がある。古典力学における力というものは、単なる説明原理に過ぎない。それは、力を測ることはできるが、力を見ることはできないという事実が示している。たとえば、一番単純な力の計測手段であるバネ秤をとれば、バネの伸び縮みが力を示すと誰もが信じている。しかし、そこにあるのは、金属でできたバネの変形であって、変形させるのは力であるという言説は、仮説に過ぎない。かくして、世界は現象と現象の関係で成り立っていて実体はないのだという仏教の空の理論は我々の物理とおなじことを言っているのである。これを理解することが、つまり、「照見五蘊皆空」であって、その先には、「遠離一切顛倒夢想究竟涅槃」への一瀉千里の道が待っている。だから、物理を一生懸命考えることは、「行深般若波羅蜜多」であり、「仏性」への道なのである。

第七節　エピクロスと死

　エピクロスは、紀元前341年というから、いまから2300年余り前に、ギリシャのサモス島に生まれ、72歳で膀胱結石のために死んだ。今日では、膀胱結石で死ぬことは、よほどの衰弱状態でなければ考えられないことであるが、昔読んだトールワルドの『外科の夜明け』という本によれば[22]、膀胱結石による死は、その甚だしい苦痛が恐れられ、無麻酔、無滅菌の手術が試みられていたほどであった。エピクロスは唯物論哲学者であり、キリスト教に蛇蝎のごとく嫌われたために、多作であったらしいが、日本語訳で150ページほどの断簡しか伝えられていない[23]。しかし、その哲学は、死と生について極めて透徹した議論を提供する。エピクロスは言う

- 「死は感覚の欠如である。それゆえ、死はわれわれにとって何者でもない。」
- 「われわれが存するかぎり、死は現に存せず、死が現に存するときには、もはや我々は存しない。」
- 「生きているもののところには、死は現に存しないのであり、他方、死んだものはもはや存しない。」

そうであるとすれば、

- 「われわれの生まれたのはただ一度きりで、二度と生まれることはできない。これきりで、もはや永遠に存しないものと定められている。ところが、君は、明日の主人でさえないのに、喜ばしいことを後回しにしている。人生は延引によって空費され、われわれはみな、ひとりひとり忙殺の内に死んでゆくのに。」
- 「身体の健康と心境の平静こそが祝福ある生の目的だからである。」
- 「ぜいたくを最も必要としない人こそが最も快くぜいたくを楽しむ。」

という具合である。ここでぜいたくというのは、

- 「水とパンで暮らしておれば、私は身体上の快に満ち満ちていられる。」

というつつましいものである。中世のキリスト教がエピクロスを徹底的に否定しようとしたのは、実に、この点にあり、中世を通じて、叩き潰しても叩き潰してもキリスト教に異端が生まれたのは、バチカンとそれに連なる聖職者たちの背徳と腐敗であったことは周知の通りである。異端とはアッシジの聖フランシスコのように、清貧を貫くことであったのである。聖フランシスコは、イノケンティウス３世の思惑で辛うじて異端を宣告されないで済んだが[24]これに類似した清貧を旨とする信者たちはカタリ派[25]やワルド派[26]のように火刑台の灰となったのである。

第八節　唯物論者の死生学とは何か

　ここで、最後に、本稿のタイトルについて贅言を弄することにする。唯物論というのは、ルビを振っておいたように、ここでは、タダモノロ

169

ン、と読む。ひたすら、この世界は物質からのみ成り立っているという
立場で、私たちが左翼過激派学生であった 50 年前にも、あいつの議論
は、タダモノロンだ、というと、相当軽蔑的な響きがあったものだ。そ
の背景には、唯物論（こちらは正しくユイブツロン）者であっても、文
化芸術、人情を解するのは当然であるという言い訳があるわけである。
前にも書いたように、私が教養教育院の教員であった時に、ひとは死ん
でしまえば単なるモノだから、医者は、あとは知らないのだと言い放っ
たら、そんな気持ちで、どうして生命を守る医者がやれるのかと、泣か
んばかりに非難された。これをタダモノロン的議論という。

　その時の講演では、エピクロスを引いて、生きて、心豊かに楽しく暮
らすことがすべてであって、死を思う（Memento Mori メメント・モリ）
ではなく、今この瞬間を楽しめ（Carpe Diem カルペ・ディエム）で生きな
ければならないのだということを述べた。私は、この 40 年弱を工学部の
研究者・教員として過ごしてきたので、大学の学部こそ医学部を卒業した
のであるが、医学・医療とは（全くではないが）ほぼ、無縁に研究生活と
教員稼業を楽しませてもらったという事情がある。その経緯を簡単に紹
介しておく。私たちが学生であった時代は、1960 年代の終わりで（1967
年入学である）世界中で、学生の反乱が渦巻いていた時代である。いま
どきの学生にこういう話をすると珍獣・絶滅危惧種を見るごとくに眼を見
張られるのであるが、そういう時代であったのだから、珍しいことでも
何でもない。当時、棒や鉄パイプを持ち、火炎瓶を投げていた学生のな
かにも、ほとんど無数といって良いほどの異なったイデオロギーがあ
り、とくに、学生運動の衰退期には、小異をことさらに先鋭化させる理
論闘争が分裂を加速化したのであるが、私が自らタダモノロン者と名乗
るのは、そうではないと主張する党派に、お前たちの議論は、労働者階
級の苦痛を理解しないものだと批判されたためである。そういう、外か
ら見れば些細な違いに血道をあげるという悪弊がその後の新左翼運動に
はつきまとった。

　私は、医学部を卒業して、当時の学生のクラス会の申し合わせに沿っ

て（それがなくとも、医局講座制が支配する大学には何の魅力も感じていなかったので）卒後研修の場を、生まれ育った田舎の、父が外科医をしていた病院に求めた。外科医というのは、内科と違い手先の仕事であるから誰かに教わるのが普通である。独学の外科医というのは、危なくて安心してかかることができない。現在では、手術手技の習得のためのシミュレーターなどもあり、事情は少し違っているが、外科医の修業というのは職人仕事一般と同様に、現場で（ということは、誠に申し訳ないが、生身の患者さんを練習材料にして）師匠に手を取って教えられることで成り立っている。つまり、私は、父を師匠としたわけである。この人は、太平洋戦争の末期に医学部を繰り上げ卒業して軍医学校に行き、終戦とともに田舎の病院につとめ、終生田舎の医者であることを誇りに過ごした人であった。私が、その弟子となった時には、10数人の外科医のチームを率い、その地方の医療の最終の段階を担っていた。つまり、その地方では、がんなどの病気になると最終的にそこに行くしかないという医療施設である。今から50年前になるその当時は、外科が手術をしたがん患者は、外科が最後まで面倒を見るということになっており、外科の入院患者は手術をして回復し退院していく患者よりも、がんが再発して手がつけられなくなった末期の患者さんの方がはるかに多く、そのための専用の病棟があった。外科医の日常としては、毎日、早朝からカンファレンスがあり、修業の階梯にしたがって割り当てられる色々な症例の手術を経験していくわけだが、その合間に受け持ちの病棟を回診して入院患者の病状に応じた診察や処置をする。がん病棟は大部分が末期の死を待つ患者さんが占めているから外科医としてはすることがないので、若手の医者の間ではその受け持ちは嫌がられており、受け持ちになっても、なるべく短期間で他の、もっと、（面白い）急性疾患の患者がいる普通の病棟に移ることを希望するものであった。私も例外ではなく、がん病棟を抜け出したいと思っていた。今となっては、その割り当てを決める立場であった、父である外科部長の苦労も良く分かるが、異例の2年間がん病棟の受け持ちを続けさせられた。そのため、毎

年、50数通の死亡診断書を書くという経験をした。つまり、毎週、受け持ち患者さんが死亡するのである。がんの再発入院から3ヶ月〜半年くらいで確実に全員亡くなる。逆に言うと、外来でがん患者を診ているベテランの外科医が、もうあと残り3ヶ月位だと診断すると入院させるのである。胃がんや大腸がんなど消化器の固形がんというものは、その当時から今に至るまでも、放射線療法や化学療法というものは、効きにくいので、手術不能の再発例にはなす術がない。しかも、ここ2−30年は、当たり前のように、患者さんに、がんを告知するようになったが、50年前にはそういうことは考えられなかった。当時から存在したがんを専門とする病院、癌研やがんセンターですら、患者本人にはがんであることを知らせないのが普通であったから、私の受け持ち患者にも、がんであることは告知されていなかった。患者さん本人は、もちろん、がんであることは、「疑い」から「百も承知」までいろいろな程度であれ自覚されていたのであるが、とにかく、建前としては、最後までがんではないことになっていた。こういう状況下で、毎週一人のペースでなくなる人を診るというのは、それを、志してなる現代の終末期医療の医師でも、多分、心理的には非常に辛いものがある。

　ことは、普通、そう楽なことではない。事故などで、一瞬のうちに死んでしまうのでなければ、ある程度の時間、何日、から、数週間程度、死の苦しみが続いて、ようやく死に至る。その苦痛を和らげるにはアヘンなどの麻薬にすがるしかない。末期がんの痛みに対してはアヘン以外の薬物には全く効果がない。これは、こういう医療に携わる医師の間では常識であって、麻薬は連用すると習慣性が出るとか、人格が荒廃するとか言うのは念仏にもならないのである。

　師匠・教師としての父は、その後、まったく別の分野である工学で教師を生業とした私から見ても、優れたものであった。外科医術は職人仕事であるから、先達の技術を見て学ぶものであり、その限りにおいては不立文字であるのだが、それを何とか言語化するということをこころがけていたように思われる。それは、父が死ぬときに如実に感じられた。父

は、自分が専門とし、得意ともした食道がんと胃がんの二重のがんに罹り、自分の病院で、自分の弟子に手術を受け、そのまま、1年近く回復しないままに死んだ。私は、当時、大阪の国立研究所に勤め始めたばかりで、そろそろ危ないかとは思いつつも、あまり長期に欠勤するのも憚られて大阪に戻っていた。その間、繰り返す感染で敗血症になった父は、ある朝、尿が全く出なくなり、死期を悟ったらしい。そばにいた弟に、もうこれで駄目だと告げたそうだ。感染症の末期では腎不全がすすみ、ついに完全に尿が生成されなくなる。長い臨床経験から、こういう状況になると2－3日しか保たないということを知っていた父は、周囲にそう告げた。つまり、普通とは逆に患者が周囲に死の告知をしたわけだ。その知らせを受けて、大阪から最終の新幹線にのった私は東京駅について、そこからタクシーで、郷里に向かった。ちょうど300kmの距離で、あとにも先にも、こんな長距離をタクシーに乗ったのは、この時だけである。朝、到着した私は、もう既に意識をなくしていた父をみた。呼びかけには応答しなかったが、尿毒症による譫妄で、うわごとを繰り返す父が、何をしているかは弟子でもある私には一目瞭然であった。かれは、若い研修医に外科手術を教えていた。その楽しげな口調は手術場でともに過ごした数年で毎日聞いていたものだった。譫妄のなかで、生涯を貫いて実践した外科医の教育を、すべて繰り返していたのだ。譫妄状態は半日続いて、最後にはブツブツというつぶやきになり、最後の手術教育は終わった。この人は、天性教育者であったのだと思われた。それと同時に、本稿に関係ある主題に立ち戻るなら、これが臨死体験というものなのだということを実感した。脳のどこかは知らないが、大量に記憶されている経験を、死ぬまでの時間が十分にあれば、すべて巻き戻して再生するのだと。人生を楽しく生きた人は（勿論、楽しいことばかりではなかっただろうが）楽しく死ぬことができるのだ。

　人が死ぬことについてのお話の定番である、レフ・トルストイの描く帝制ロシアの官僚イワン・イリイチの死[27]は全く楽しくない。イワンは、ロシア帝制の巨大なヒエラルヒーのなかで階梯を登ることに全精力を注

ぎ、上流社会の端にたどりついたところで病を得る。しかし、その病が何であるかはかかっている医者も言わないし、本人にも勿論判らない。しかし、病状は容赦なくすすみ、アヘンを飲んでも、その精製物であるモルヒネを注射しても、痛みと苦痛は止まらない。そういう病気の診断名は、お話のどこにも現れないが、病状は何かのがんを思わせる。50年前の日本と同じで（世界中そうであったらしいが）医者も家族も、本人が、死ぬことを認めない。畢竟、これは、死ぬまで嘘をつくことを意味する。私も、患者さんに、がんであること、そのために早晩死ぬことを認めたことはない。毎朝、病棟に回診に向かう前に私がしたことは、顔の体操であった。とにかく、何の心配も無い表情と、明るい声を出す体操をしてから患者さんに挨拶をするのである。イワン・イリイチが、最も苦しめられたのは、周囲の人間のこういう嘘であった。しかし、彼は、自分の、何であるかが判らない病気が、快方に向かっているという希望にしがみつくのである。イワン・イリイチの妻は、聖職者を連れて来て、聖体拝受の儀式を受けさせる。そのことが、死が迫っていることの明らかな証拠であるにもかかわらず、妻も、聖職者も、医者も、死を話題にはしない。むしろ、聖体拝受によって、奇跡が起こって、死を免れることができるかのごとく振る舞うのである。私に向かって、自分は死ぬのかと問う患者さんに、私は、まるで、それが出来の悪い冗談であるかのごとく笑い飛ばすのである。「それは、誰でも、いつかは死にますよ。しかし、あなたの場合、それは今ではありません」というのが、私がいつも冗談めかして言っていたことであった。若造の医者のそんな台詞で納得する患者さんはいなかったと思うが。

おわりに

　これで、この取り留めもない私の話は終わりである。とくに、結論めいたこともない。冒頭に断ったように、私は唯物論者として生きてきたし、その立場を堅持したままで死にたいと願っている。昔、父から聞いた話がある。彼はまだ若い医者で、外科の師匠でボスだった人と一緒

に、彼らがいた田舎の町より、もっと田舎で長く開業医をしていた医師
を手術したのだそうである。その当時は、今では考えられない話である
が、腰椎麻酔と局所麻酔だけで、開腹手術をしていた。したがって、患
者さんは完全に意識があり、手術を執刀する医師が何をしているか完全
にわかる状態であった。その開業医の医師を開腹したところ、末期の進
行がんで手を付けられない状態であったので、ただちに、何もしないで
腹を閉じた。もちろん、患者が意識下にあることは重々承知していた執
刀医たちは、口には出さず、目配せだけでそれを行った。患者さんで
あった開業医の医師は、病室にもどり、父を呼んで、病状その他につい
て何も質問せず、お願いだからモルヒネだけはケチらないでくれと依頼
したそうだ。願わくは、私が死ぬときにも、モルヒネだけはケチらない
でもらいたいものだ。

参考文献

（1）『人はすべて死す』（上・下）シモーヌ・ド・ボーヴォワール、川口篤、田中敬一訳、岩波文庫、1959 年
（2）The 2015 Quality of Death Index, Ranking Palliative Care Across the World, エコノミスト・インテリジェンス・ユニット（Economist Intelligence Unit、EIU）, 2015
（3）『死ぬ瞬間　死とその過程について』エリザベス・キューブラー・ロス、鈴木晶訳、中公文庫、改版、2020 年
（4）人口動態統計年報、第 6 表　死亡の場所別にみた都道府県（19 大都市再掲）別死亡数・構成割合、厚生労働省、2021 年
（5）『チューリング　情報時代のパイオニア』B・ジャック・コープランド、服部桂訳、NTT 出版、2013 年
（6）『安楽に死にたい』松田道雄、岩波書店、1997 年
（7）『医師は最善を尽くしているか　医療現場の常識を変えた 11 のエピソード』アトゥール・ガワンデ、原井宏明訳、みすず書房、2013 年
（8）『NHK スペシャル「彼女は安楽死を選んだ」』2019 年 6 月 2 日放送、NHK、2019 年
（9）横浜地方裁判所　平成 7 年 3 月 28 日判決（判例時報 1530 号 28 頁）、1995 年
（10）『パイドン』プラトン、プラトン全集 1，岩波書店、1975 年
（11）『ソクラテスの弁明』プラトン、プラトン全集 1，岩波書店、1975 年
（12）『ククーシュカ ラップランドの妖精』2002 年製作、ロシア、2005 年
（13）『煉獄と地獄　ヨーロッパ中世文学と一般信徒の死生観』松田隆美、ぷねうま舎、2017 年

第二部

(14)『大いなる沈黙へ──グランド・シャルトルーズ修道院』2005 年製作、フランス・スイス・ドイツ合作、2014

(15)『アマデウス』1984 年製作、アメリカ、1985

(16)『ベルルスコーニの時代　崩れゆくイタリア政治』村上信一郎、岩波書店、2018 年

(17)『人体冷凍　不死販売財団の恐怖』ラリー・ジョンソン、スコット・バルディガ、度会圭子訳、講談社、2010 年

(18)『論理哲学論考』ルートヴィヒ・ウィトゲンシュタイン、丘沢静也訳、光文社、2014 年

(19)『論語の講義』諸橋轍次、大修館書店、1973 年

(20)『般若心経・金剛般若経』中村元、紀野一義訳注、岩波書店、2021 年

(21)『デモクリトスの自然哲学とエピクロスの自然哲学の差異』カール・マルクス、マルクス・コレクション、中山元、三島憲一、徳永恂、村岡晋一訳、筑摩書房、2012 年

(22)『外科の夜明け』J. トールワルド、塩月正雄訳、講談社、1971 年

(23)『エピクロス教説と手紙』、出隆、岩崎允胤訳、岩波文庫、2020 年

(24)『ブラザー・サン シスター・ムーン』1972 年製作、イタリア、1972 年

(25)『異端カタリ派の歴史』ミシェル・ロクベール、武藤剛史訳、講談社、2017 年

(26)『ヴァルド派の谷へ　近代ヨーロッパを生き抜いた異端者たち』西川杉子、山川出版社、2003 年

(27)『イワン・イリイチの死』レフ・ニコラエビッチ・トルストイ、望月哲男訳、光文社、2018 年

第八章　死生の文法・文化・臨床

清水　哲郎

はじめに

　人の生とその終りである死をめぐって、私たちが生の身体面へ向かうものと精神面－いのちの物語りを紡ぎ出しつつ生きているという面－へ向かうものという、二重の眼差しをもって事柄を見ていることを明らかにし、死生についての理解を深める際にも、またケアという活動をする際にも、この眼差しに自覚的になることが有効であることを提示したい。ここでは、まずは死について、次に生について、この二重の視点を明らかにし、そこから死をどう受け止めるか、あるいは死生にかかわるケアをどう考えるかといったことへと、考えを進める。

第一節　《死》の理解

1.1　日本語における死の語り方

　日本語で日常的に一番よく使われる語は「死ぬ」であり、これが死について語る際にもっとも明確にこれに言及する語であろう。本書においても死という経験を語る際に多用されていることだろう。だが、具体的に人の死について語ろうとする時には（親しい人については特に）、「あの人は死にました」と語ることには、私はいささかの抵抗を覚える（読者諸氏もそうではないだろうか）。確かに葬式において一般に使われるのは、故人を主語として「逝去された」等であり、「死んだ」ではない。では、どうして私たちは、「死ぬ」の使用に抵抗感を覚えるのだろうか。

　このことを理解するために、日本語の「死ぬ」には二通りの使い方があることを確認することからはじめよう。

第二部

〔**身体の死**〕の語り方

　一つには、「死ぬ」は、死の場面に立ち会った経験に基づき、身体に起
きる目に見える変化に基づく言葉であると思われる。身体の変化とは次
のようなものであり、これが「死ぬ」ということの基本的意味に他なら
ない。

　　　・それまで動いていた生命あるものの動きがとまり、再び動き出す
　　　　可能性はない（つまり不可逆的に動かなくなる）
　　　・この不可逆性は、そのものが変質し始めることによって明らかと
　　　　なる（腐り始める等）

　こうした身体的変化については、人も動物も変わりない。「死ぬ」は動
物についても使われる所以である。これは生から死への移行を判別する
場面で使われ、呼吸や脈がとまるという仕方で《いのちがなくなる》こ
とに言及している。そこで、生きていたものについて「生きている」か
「死んでいる」かという状態の違いを判別する使い方がされるし、「目が
死んでいる」といった表現で、いきいきとした勢い・活気がなくなってい

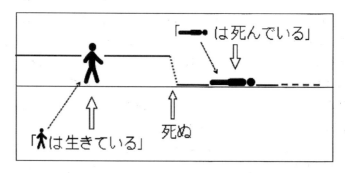

・死の判定　　「生きている」と「死んでいる」の境界

図　身体の死

る状態を表す使い方もされる。このように、「死ぬ」は、生命あると考えられている物体を主語にして、これについて述べられる語であり、変化を述べるときには「死ぬ」と、またその変化の結果としてある状態については「死んでいる」と語られる。このようにして、「死ぬ」は本来、身体に定位した語なのである。

〔人の死〕の語り方

だが、「死ぬ」には、もう一つ、「Xは死んでしまった」という表現で、かつて生きていた時のXを指して、死ぬということが起きてしまったと、過去のこととして語る用法もある。この用法の場合は、「父は10年前に死にました」とは言うが、「父はこの10年間死んでいます」とは言わない。つまり、この用法においては、現在死んでいるという状態は語ることができない。換言すれば、主語は、現在どこかに存在するXを指してはいない。「死ぬ」のこの用法は、人間関係の喪失を語るものである。──主語は生きていた時の主体（右の例でいえばかつての父）を指しており、その主体に過去のある時に死ぬということが起き、それ以降主体は不在となってしまっているということの故に、主語は現在存在するも

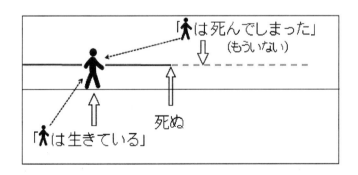

図　人の死

のを指せないと解すことができる。こうして、この用法は、「亡くなる」などと同様に、「現世内不在化」を語っており（他界移住までは含意していないとしても）、身体についての語りではなく、人についての語りである。

　死者について「もうここにいない」と思い、語ることから、人の死を「現世内不在化」という理解だとしたが、さらに元になる経験について言えば、次のようなことになろう。ある人について「死んでしまった」とは、それまで人間関係が続いてきており、言語と振舞いのやりとりを通して交流してきた人が、いなくなり、交流ができなくなってしまったという経験のことである。つまり、この際に私たちは、（身体の死の場合のように）遺体がどのような状態になっているかに注目するのではなく、「亡くなった人との交流ができなくなった」という自分たちの経験に注目している。すなわち、「人の死」は次のような仕方で判別され、したがって、原初的には次のような意味をもっている。

　〔人の死〕とは：

　　・人格的交流ができなくなる　　　　　　　「別れ」
　　・もう交流は再開しない（＝不可逆的）　　「永久の別れ」

　こうして、「死ぬ」はその由来からすれば身体の状態変化を語るものであるが、人格の現世内不在化を語る用法も派生しており、両方にまたがる意味の幅があるため、身体と人格の二重の経験としての死を語るのに適当な語となったということができよう。

　以上のように死を語る際の語彙について見た上では、人々は人々の関係の中でおきる別れの経験について、「ある人がいなくなり、他界に行ってしまった」ということについては語るけれども、そのことを身体に起きた変化としては語りたがらないため、身体の変化への言及が随伴してきてしまう「死ぬ」は使いたがらない（使うことに抵抗を覚える）のだと推定してもよいだろう。

死を語る日本語の語彙

　日本語には「死ぬ」以外にも死についての様々な語り方があるが、現世内不在化の理由（どうしてここにいなくなったのか）を語る他界移住（別の世界に行ってしまったからだ）という思想を表現するものが圧倒的に多い——「逝く・逝去」、「亡くなる」、「旅立つ」、「永久の別れ」など。

　「死ぬ・死」、「息を引き取る」、「（永久の）眠り（につく）」などは、他界移住とは別の系統の表現であるが、語彙の数からいえば、少数派である。

　古い表現を見渡しても「みまかる（身罷る）」（この世から罷り去るという意）、「隠れる」、「他界（す）」などが、現世内不在化から他界移住につながる語であろう（「没する（歿する）」もこの系統といえるかもしれない）。

　別系統の表現としては、「こと切れる」、「絶え入る」、「あへなくなる」、「はかなくなる」といった、身体に現れた変化に基づくと思われるもの（ただし、後に述べる「現世内不在化」も含意しているかもしれない）、また、「不諱・不忌（いみはばからずに言うこと→避けることのできないこと：死ぬこと）」、「物故（す）」などがある [1]。人の経験に沿った表現としては、やはり現世内不在化−他界移住という理解を示すと思われるものが目立つ。

1.2　身体の死と人の死の二重の把握

　身体の死と人の死という死をめぐる二重の把握は、ただ両者が並存しているというだけでなく、ある意味で二層の構造をなしている。私たちがし親しい者との永久の別れ（＝人の死）を認めるのは、その人の身体の死の確認に基づくのであって、その逆ではない。医師が身体を調べ、身体活動の不可逆的な停止を告げる、あるいは身体の動きが可視的な波や数値としてモニターに映し出されているものを見て、その波がフラットになるといった仕方で、身体の死が描かれるが、その場面は、故人に親しかった人々の悲嘆を描く場面へと、（私たちの感覚からするとごく自

然に）移行する。

イザナミとイザナギの別れ

　こうした人格の死と身体の死という死の理解の二重性をよく示している例が、日本の神話に見出される。『古事記』にはイザナギ・イザナミという夫妻の神が登場する。二人で次々と国を生み、神々を産むが、その途中で妻のイザナミが死んで、黄泉の世界に行ってしまう。そこでイザナギは黄泉に行って、イザナミに戻ってきてくれないかと頼もうとするという場面となる。

　この場面で、まずイザナギとイザナミとの対話が成立する。「戻ってきてくれないか。」、「黄泉の国の食物を食べてしまったから……でも聞いてくるから、待ってて。待つ間覗かないでね。」──つまりここには死者を訪ねて黄泉の国に行けば、人格的交流が再開するかのようなイメージがある。『古事記』の語りを見ると、興味深いのは、この場面ではイザナミが言葉を語ること、イザナギの語りかけに応じることは描かれるが、イザナミの姿については一切語られないことである。聴覚だけが働き、視覚は働かない。二人の間にあるのは言語的交流であり、それだけである。

　だが、このことは日本の死者をめぐる文化の中で読むと、不思議なことではない。日本の各地には口寄せ、イタコの類があって、その口を借りて死者は生者の問いに答えて語るが、その際にも現れるのはやはり語りだけなのである。ここでは死は人格の死として把握されている。なぜなら、交わりが永久に途絶えることがここにおける死であることの裏返しとして、黄泉まで訪ねていけば交わりが再開するという物語りになっているといえるからである。

　黄泉の国への旅と、口寄せの類の連動については、古代ギリシア文化における興味深い連関がある。つまり、ギリシアにはハーデース（「黄泉」に該当する場所）への入り口とされる場所がいくつもあり、その場所は、まさしく口寄せがなされる場所でもあったという[2]。現実にある口寄せを媒介とした死者との交流こそが、死者の国への旅という物語り

の実質ではないだろうか。

　さて、「覗かないで」と言って奥にイザナミが入ったあと、次の場面でイザナギは待ちきれないで入っていってしまう。するとそこで見たものは、イザナミが横たわっていて、「雷」（イカヅチ）と呼ばれる恐ろしげなものが身体のあちこちに宿っているという姿である。これは身体が変質し、腐敗し、悪臭がただようという状態を念頭に置いた描写であろう。ここは身体の死に基づく死のイメージである。ここでは聴覚は活動せず、ただ視覚のみ（あるいはプラス嗅覚）が働いている。このように人格の死と身体の死が重なって、この物語りにおける死のイメージを構成していることが分かる。

身体的死生と物語られる死生

　以上で提示した身体の死と人の死という二重の死についての理解は、生の側のいのちを見る2重の視点に対応していることが分かる。すなわち、「私が生きている」ということは、生命体としての身体に注目すれば、「身体が生きている＝身体に生物学的生命がある」ということであるが、私の生活、ないし生活の積み重ねとして現れる人生に注目すれば、「私は私の人生を生きている」「私は人生の物語りを作りつつ、語りつつ生きている」ということになる[3]。

　このいのちを見る2重の視点に対応して、身体的生命の終りとして身体的死があり、物語られるいのちの終りとして人の死がある。身体的死は、身体的生命の活動に目をとめ、それが不可逆的に止まることとして、理解される。人の死は、互いに交叉し、浸透し合いつつ物語られてきたいのちが終ることとして、人と人の交流の不可逆的断絶として理解される。それゆえにこそ、医師は身体レベルで生命活動に注目し、その不可逆的停止を判断し、「ご臨終です」と語る――死に行く者と親しい人々は、「別れ」を体験する。

　死ということをめぐっては、物語られるいのちについてなお、問いが残る。確かに身体はここで終り、滅び行く。それは確かに目で確かめら

れる事態である。だが、物語られるいのちもまた、ここで本当に終りに
なったのか？確かにここでは不在となった。だが、それは全く消滅して
しまったということではなく「どこかに逝ったのだ」という言説がなお、
語られ続けている。そこで、そのことについて次に考えよう。

第二節　死の文化：死者の世界の成立

2.1　別世界移住の思想

　誰かの死について語ることは、生きて遺された人々の視点からのもの
となる。先に見たように、死をめぐる日本語の語彙と使い方からは、人
の死は基本的に、死んだ者と生き続けている者との間の交流の断絶－
〈別れ〉－として理解され、そのことが人々の前から当人が〈居なくな
る〉（亡くなる＝無くなる）こと（＝現世内不在化）として語られた。誰
かの死を、その者がいなくなってしまったこととして捉えることは、遺さ
れた者たちと死んだ者との関係において、その関係の喪失として捉える
ことに他ならない。私たち人間は、自らのこの世界における位置を、世
界の諸構成要素との関係において見定めていると思われる――ことに諸
人間関係のネットワークの網の目の一つとして自らを位置づけている。
そうであればこそ、ことに自分と関係が深かった人の死は、自らの世界
における位置を不安定にするものであり、単に死んだ者の喪失ではな
く、自らの一部の喪失でもある。人の死は、遺された者にとって、何よ
りもこうした関係において起きる喪失に他ならない。

「なぜだ？」への説明

　死という人間関係の喪失は、遺された者にとって不条理なことであ
り、「なぜだ？」という問いを喚起せずにはいない。どうしていなくなっ
てしまい、別れることになってしまったのか？――この問いへの答えと
して、「別世界（あの世、他界）へと逝ってしまった（＝別世界移住）か
らだ」という説明が提出される。日本語の死をめぐる多くの語彙がこの
ことを語っている。こうして、別世界移住は、親しい者の死という経験

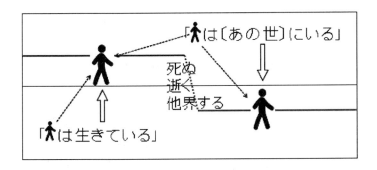

図　人の死＝別世界移住

に際して、人々が発する「なぜだ？」に応えて提出された理由である。「なぜだ？」という問いは、元来、不条理なこと、生起して欲しくないことが起きた時に発するものであり、したがって、問う者の問いに伴う気持ちを静め、諦めさせる効果をもつ応えが、答えとしての理由となる。「そうなのか、それなら仕方ないや」と、あるいは「そうなら、まあ良いか」と思うように仕向ける（言ってみれば「気休め」の）物語りが、私たちの文化を含む多くの文化において語られる「別世界移住」である。

死者の列に加わる

　こうして、私たちの文化は、あたかもどこかに死者の世界があって、死ぬことはそこに行くことであるような語り方をし、死者を送る振る舞いをする。でも、死者の世界について、必ずしも確信しているわけではないし、それについての更なる説明はばらばらでもある。諸宗教はそれぞれさまざまな教説をもつ——西方浄土、極楽、天国、地獄。東北の農村地帯には、死者は近くの特定の山に行くという考えがあるという。死者の領域が想定されているようだ。これはキリスト教も、仏教も渡来する前の日本に由来するもののように思われる。死後の世界はこういうものだと、見てきたようなことを語る向きもあるが、大半の人はよく分らな

185

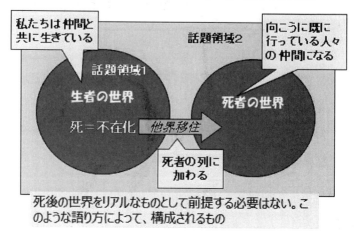

図　別世界移住伝説をもつ文化

いと言い、しかも、それでかまわないと思っているらしい。

　他界についての語りの要点は、それがどういうところかという描写で
はなく、ともかくどこかそういうところに逝くのだということの確認し合
いであると思われる。葬儀に際して、私たちは繰り返し、口々に、逝
去、冥福、あの世について語る。そのように言い合うことによって、そ
のような世界を言葉によって創り出している（構成している）。その要
は、「死んでもひとりぼっちではない」と皆で言い合い、言い合うことに
よってそのように看做すこと、否、そのような世界を創り出すことにある
と、私には思われる。

こちらの輪からあちらの輪へ

　私たちは人々の支え合ういのちの輪の中で、その輪を構成する一員と
して生きている。死は、その輪から独り抜けることに他ならない。それ
は孤独になることではないだろうか。人は孤独を怖れる。──ここで、

「否、そうではない。私たちが死ぬ時に孤独になるのではなく、向こうに
既に行っている人々の仲間になるのだ」という説明がなされる。「死者の
列に加わる」とはそういうことなのだ。そして、死者を送る者たち自身
も、やがて死者の列に加わることになっている。

　このような言説を重ねることによって、私たちは「あっちの世界」を
構成する。とにかくそういう世界を創り上げられればよいので、その世
界の細部については、多くの人は考えない。

　こうして、死後の世界はリアルなものとして前提されたものではな
く、このような語り方によって、構成されたものである。それは、物語
られるいのちについての物語りに属しており、誕生から死まで、他の
人々の物語りと交叉し、浸透し合いつつ語られる物語りの延長上に要請
されたものだということになる。

2.2　現世内不活性化という説明

復活思想に伴う死の理解

　現世内不在化－別世界移住という説明は、日本に限らず多くの文化の
中に根付いている。だが、かならずしもこれが人が行き着いた唯一の説
明ではない。例えば、新約聖書における復活という思想の背景にある死
の理解は、次のようなものであった。死によって人格的交流が不可逆的
に断絶するという経験は共通している。しかし、それについての説明
は、「身体と共に人格もあり続けているが、その活動を不可逆的に停止し
てしまっている」というものであったと推定できる。つまり、現世内不
在化－別世界移住ではなく、現世内不活性化なのである。この説明は、
死者は永久の眠りについたのだと、「眠る」ことに擬えられる。魔法に
よって人が石に変えられてしまうとか、ミイラが甦るといった物語りも、
こうした死のイメージを伴っているように思われる。新約聖書の「ネク
ロス」は死者でもあり、死体でもある [4]。現世内不活性化として死を説
明することと、「復活」を期待するという思想とが連動する。死者たちは
墓の中で、不活性化した状態で今も居続けている、と考え、それでも何

か希望を見出したいとするならば、「やがて復活する」という説明が要請されるであろうからだ。

「父はここ 10 年間死んでいます」

中学あるいは高校の英語の時間に、「父は 10 年前に死にました」は、英語では現在完了で "My father has been dead for ten years."（直訳すれば「父は 10 年間死んでいます」）である、と教えられる。これは考えてみると、単に「日本語の…は英語の…になる」という表現だけの問題ではないと思われる。なぜ、英語では現在完了で語ることができるのか？それは "My father" と言って、現在どこかに存在する父を指すことができるからに他ならない。それは必ずしも現世内不活性化という了解を伴っているからとは限らない（そういう場合もあるだろうが）。例えば「10 年前から天国（あるいはどこかそういったところ）にいます」という別世界移住型の理解を込めて、「死んでいる」ということが語れるのかもしれない。別世界移住型であるとすると、この世とあの世を包括する全体が話題領域になっているために、現在の父を主語とすることができることになる。

振り返ってみれば、日本語でも、墓を指して「父はここに眠っています」と言ったり、「あの世で私たちが行くのを待っているでしょう」と言ったりすることはおかしなことではない。ただ「父は 10 年間死んでいます」はおかしい。「死ぬ」ということによって別世界移住を了解するとしても、それはあくまでもこの世界の側に身をおいて、この世界を話題領域として、そこには不在となることとして、そこからどこかへと逝ってしまったこととして語るという語り方だからである。だからこそ、日本語の「死ぬ」は、現世内不活性化とはなじまないのである。

これに比し、英語の "My father has been dead for ten years." は、現世内不在化－別世界移住型とも、現世内不活性化型ともなじむ表現である。キリスト教の思想伝統には、死者はこの世で眠り続け、終りの日に復活するという理解（つまり現世内不活性化型）と、死によって人の魂は天

国（あるいは煉獄なり地獄なり）へと行くという理解（つまり別世界移住型）という、論理的には両立しないと言わざるを得ない教説が並存している。たしかに、教父時代にすでに双方を両立させる教説が創られているが、一般信徒は素朴にこの二つをそのまま受け入れているように思われる。このことは、英語の両者のどちらとも解し得る表現を伴ってこそ、それほどの軋轢をともなわずに成り立っているのではないだろうか。

死の説明の二つの系譜とその並存

　別世界移住と現世内不活性化という二つの型は、死について人類がつけた代表的な二つの型であるということができそうである。というのは、まさにこの二つの型に、身体的生命と物語られるいのちという二層の間の関係についての相反する二つの方向性が見られるからである。物語られるいのちは身体によって支えられているということ、生身の私たちは身体という枠を越え出て、自由に活動することはできないのだということ（もっとも日本の物語りには、「生霊」の可能性が登場し、現在でも臨死体験の語りがあるが）——そういう両者の関係をそのまま延長すれば、現世内不活性化という死の了解となるであろう。が、身体に支えられつつも、それを越え出た、いわば精神的な交流の世界における人々のいのちの交叉という考えを死に適用すれば、別世界移住という了解が生じるだろう。

　「死ぬ」の用法という意味では別世界移住が支配的であるが、考えて見れば、死者についての了解という点では、日本の文化においてもこの二つの了解が並存している。つまり、身体（とその痕跡）をよすがとして死者に想いを馳せる時に、墓の前に佇んで、そこに「眠っている」相手に向き合うのであり、しかも同時に、人々の交流という次元において、あの世に逝ってしまった相手を想うのである。

　このように考えてみると、キリスト教の教説に上述のような論理的には両立しない二つの死の説明が並存していることも、人間の思いという面から言えば自然なことであるということもできそうである。私たち日本

第二部

の文化の中に生きる者たちもまた、論理的には両立しない二つの死の了解を併せもち、時と場合に応じて自然にこれを使い分け、あるいは同時に二つを肯定しているのである。

2.3 存在様態変容型：第3のタイプ

　大分前のことになるが、「千の風になって」という歌が大ヒットした。その歌詞が示している死者のあり方は、現世内不活性化とも別世界移住とも異なるように思われる。

　原詩（英語）では、死者が一人称で「私はお墓にはいません／私は吹き渡る千の風です／雪の上のキラキラです…」と語る[5]。これに続けて、死者は「麦畑の上の太陽、柔らかな秋の雨、小鳥の大群の上昇する渦、柔らかな星の光」だとも言う。日本語詩（新井満）では、この最後の部分は「朝は鳥になってあなたを目覚めさせる／夜は星になってあなたを見守る」と、死者は今でも、愛するあなたと関係を持ち続け、あなたのことを気遣っているのだよ、というメッセージになっていて、原詩とは大分異なっている。原詩でも、小鳥はたしかに登場するが、朝のしじまの中で、何千、何万という群れになって、旋回しつつ、上昇する情景が語られる。その上昇する雲のような渦が私（死者）だというのである（When you awake in the morning's hush, I am the swift uplifting rush of quiet birds in circling flight.）。また夜は「柔らかな星の光」だといっているだけである。

　このように、原詩には「目覚めさせる」だの「見守る」だのといった、人格ある者同士の間の行動は描かれていない。むしろ、死者は世界の動きの中に融け込んで活動しており、折々にその片鱗を私たちに見せているということのようである。死者は、生前の個体的な存在の仕方とは異なり、「これ」「あれ」と個体を指すようには指せない存在様態になっている。

　そもそも死者は「私は」と語るけれども、どの人が死後そのようになったというのだろうか。すべての死者が、千の風であり、雪の上のキ

ラキラ…であるのでなければ、筋が通らない。そうであれば、ここに描かれる死者たちは別世界移住したわけではなく、この世界に存在し続けている。現世内不活性化したわけでなく、活動している。しかし、存在するあり方が異なってしまっている——いわば大きな世界の動きの中に融け込み、個体性は失っているが、活き活きとした存在となっている、ということなのだろう。「存在様態変容」型と名付けておくことにする。

第三節　臨床における死

　以上の検討を踏まえて、最後に臨床（医療・ケアがなされる現場）において、死がどう理解されているかを見ておこう。ここでは、私たちに死が近づいてきた場面に注目して考えたい。まずは臨床におけるそのような場面の捉え方から検討する。

3.1　ターミナル・ケアからエンドオブライフ・ケアへ

ターミナル・ケア

　疾患が進んで近い将来の死が避けられないものとなった状況を「疾患のターミナル（末期、終末期）」と呼んで、その時期になされるケアを以前は「終末期ケア／ターミナル・ケア」と呼んでいた。これは「医学的に疾患の終末期と判定される時期のケア」のことで、現在でも医学的な視点を中心に考える際にはこの用語が使われている。「終末期（ターミナル・ステージ）」については、色々な定義がなされているが、凡そ次のようなところが最大公約数と言えよう。

　　疾患が進んで、医学的に出来る限りのことをしても近い将来の死を
　　避けられなくなった時期

　この定義に示されるように、「できる限りの医学的介入をしても近い将来の死が避けられない」ということは、身体の生命の終りについての医学的な判断にほかならない。「終末期かどうか」が医学的に判断される以

上は、終末期にどのようなケアをするかも身体的生命への医学的な介入が中心となる。ただし「ターミナル期」と判断されるということは、疾患に対する有効な医学的介入はもはやないという状況であり（なぜなら、もし有効な治療があるならば、「近い将来の死が避けられない」とは言わないであろうから）、医学的にできることがあるとすると、疾患を原因とする、あるいは全身状態の悪化による、耐え難い諸症状をコントロールし、あるいはこれを予防することで、最後の時期をできるだけ辛くなく、快適にすることを目指す対応である（これが緩和医療、ないし緩和ケアの医学的面）。

　本人の快適な残りの日々を目標にすると、医学的に辛い諸症状の緩和を行うだけでは、目標を達成できないことが明かであるため、全人的視点にたっての全人的ケアの重要性が認められてきた。つまり、ターミナル・ケアについても、単に身体のコントロールにとどまらず、心理・社会面にも留意して、人生の終りへと至る最後の道行をサポートすることが目指されたのであった。

　この視点を一貫させれば、「どのような時期の」ケアかについても、身体的生命の状況についての医学的判断にとどまらずに、人生の終りの時期についての全人的視点における判断が望まれる。実際、少し前までは「ターミナル・ケア」という用語が使われることが多かったが、最近ではこの用語が使われる場面は少なくなり、代って「エンドオブライフ・ケア」、ないしは「人生の最終段階におけるケア」という用語が使われるようになってきている。

厚生労働省の「人生の最終段階における医療・ケア」

　「人生の最終段階」という表現は、ここ数年厚生労働省が「終末期」に代えて使うように薦めている用語である。このような用語を使うようになったことについての厚生労働省の説明をみても、ただ単に用語を代えただけでなく、ひとりひとりの人生を大事にするという考えに概念を動かしているよう思われる。また、厚生労働省は人生の最終段階にある人

のための事業として、本人・家族の意思決定を支援する相談員態勢を整え
ようとするなど、この時期をどう人間らしく生きるかに重点を置くように
なっている ⁽⁶⁾。このような点からして、次に提示する「エンドオブライ
フ・ケア」に対応する日本語として「人生の最終段階におけるケア」が適
切であるといえよう。

エンドオブライフ・ケア（end-of-life care）

「エンドオブライフ・ケア」（直訳すれば、ライフ／いのちの終りの時期
のケア）という概念が使われるようになったのはそれほど昔のことでは
ない。いつのまにか用語が交代したように思えるため、エンドオブライ
フ・ケアは、従来「ターミナル・ケア／終末期ケア」と呼んでいたものと
同じであるように見えるかもしれない。実際、がん治療をモデルにする
限りでは、ターミナル・ケアとエンドオブライフ・ケアとは同じ内容で、
用語を換えただけのように思っている医療従事者も多いように思われ
る。しかし、非がんの場合に広げて考えると、病状が同じであっても
（つまり、医学的判断は同じであっても）本人の生き方の選択によりエン
ドオブライフ・ケアの時期かどうかが異なることがあり、エンドオブライ
フは少なくとも医学的にのみ判断されるものではない。

　例えば、ALS（筋萎縮性側索硬化症）という疾患を持つ人の場合を考
えよう。これは全身の筋肉が徐々に随意に動かせなくなっていく神経疾
患で、自力で呼吸ができなくなるという局面を遅かれ早かれ迎えること
になる。その場合に、人工呼吸器を装着し、水分・栄養補給など他の必要
な対応も併せ行えば、年齢にもよるが、なお数十年生き続ける可能性が
ある。しかし、人工呼吸器は着けないという選択をした場合には、そう
遠くない将来に呼吸機能が落ちて自力では十分な酸素を摂ることができ
なくなった時が人生の終りとなる。つまり、例えば、呼吸機能が落ち始
めた人は、人工呼吸器を着けない選択をする心積りでいるならばエンド
オブライフ・ケアの時期であるが、着ける選択をしたならばエンドオブラ
イフはまだまだ（例えば数十年も）先のことになろう。このように、非

がんの疾患においては、エンドオブライフ・ケアが相応しい時期かどうか
は、時として身体状況についての医学的判断によっては決まらず、本人
の選択により左右される場合がある。

エンドオブライフは「人生の」終りの時期

「エンドオブライフ」つまり「ライフ（いのち）」の「エンド＝終り」
は、単に生物学的な「生命の終り」なのではなく、同時に「人生の終わ
り」としての死でもあると解すべきである。それは人生の最期、つまり
死が近くなった時期であるが、その時期かどうかは医学的判断だけでは
決まらない。上に示したように、時に本人がどういう選択をするかに相
対的であり、また一般に本人が「自分は人生の最期に向かって最後の歩
みをしている」と意識するかどうかによって左右される。英国 NHS は
「エンドオブライフ・ケアは本人がそれを必要とした時に始まる」として
いるが [7]、このような理解を踏まえてのことであろう。

ただし、欧米で「エンドオブライフ・ケア／ end-of-life care」が一定の
確定した意味で使われているか、また「ライフ／ life」を「生命」ではな
く「人生」と解しているかというと、必ずしもそうとは限らない。「看取
る」ケアほど狭く限定しているわけではないとしても、医学的な判断に
基づく相当狭い時期（長くても月単位）のケアに限定しているように思
われる定義もある [8]。以上で記述した「人生の終りの時期のケア」に近
い説明としては、英国 NHS（national health service/ 国民保健サービス）
による定義（人生の最後の数ヶ月から数年）がある [9]。

3.2 エンドオブライフにおける生と死の並存

living & dying

ここで、エンドオブライフ・ケアを考える際の生と死の理解について、
死生学の視点から分析しておく。エンドオブライフ・ケアを実践する者
は、たとえ最期の一日であるとしても「dying（＝死に向っている）」は同
時に「living（＝生きている）」であり、両者を併せて、「living の最後の部

分」であると把握する。また、死（death）は生の終り（エンドオブライフ end of life）であるとも理解している。これらを考え合わせると、ここで「生の終わり」は dying の時期を指していることになる[10]。つまりここには、

　　生の後に死が来るのではなく、生の最後の部分が死である

という生死の理解を見出すことができる。

　がん疾患をモデルにして「終末期ケア」のあり方が論じられていた時期においても、「ターミナル」とは、dying & living が成り立つ時期であり、その時期が death = the end of life と呼ばれる時期に他ならないという考え方は、終末期の概念の基本であった。

　次の左図のように、「（まだ）生きているか、（既に）死んでいるか」（alive or dead）というような表現をすると、生から死への移行点として、死が考えられ、それ以降はずっと「死んでいる」が続くのであるから、「生の後に死がある」というような死が考えられていることになる。臨床現場においては、このような生と死の理解は身体について生死を医学的に判断する場面、また救命救急などで「死んでいる」への移行を食い止めようとする場面で登場する。

　他方、ある人について〈dying〉とする場合は、その人は

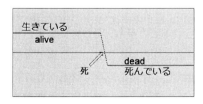

生と死（1）　生の後に死が

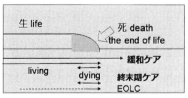

生と死（2）　死は生の終り（の部分）

図　臨床における生と死の時間的関係

「死へと向かう最後の進行をしており、もはや回復へと方向転換する可能性はない」ことを意味している。つまり、「X は〈dying〉である」場合に「X は終末期にある」と言われる。ただし、〈dying〉であるなら、その人はまだ死んではいない以上〈living〉でもある。こうして、living & dying が、ターミナル・ケアにせよ、エンドオブライフ・ケアにせよ、そこで見えている生と死の理解なのである。

〈死〉は人生の終りの部分

次に、〈dying〉から〈death〉という名詞を理解すると、death は life の最後の部分になる（= the end of life）。例えば、「ソクラテスの死」という表現は、ソクラテスという人の人生の物語りの最終章のタイトルに使われる。――ソクラテスの活動が告発され、裁判にかけられ、法廷でのやりとりがあり、評決で死刑と決まる。友人はソクラテスに国外に逃げるように勧めるが、本人はそれを良しとせず、毒を飲んで死ぬ道を選ぶ――こうしたストーリーが「ソクラテスの死」として語られるのである。

以上のような生死の把握については、エンドオブライフの時期のケアを実践する者の視点では、《人生》というアスペクトと、人生を支える土台である身体の《生命》というアスペクトとの双方にまたがって、生の最後の部分を死と見る理解が核にある。加えて、ケア実践から離れた視点では、身体を主語とする「生の後に死が」という理解も状況に応じて登場するであろう。

おわりに

以上、「死ぬ」に二つの用法があるということから、身体の死と人の死を区別し、それぞれを身体的生命と物語られるいのちという二重の視線に結び付けつつ考えてきた。それを通して、身体的死生と物語られる死生の複層性というあり方、ないしはそれを把握する二重の視点が確認された。この二重の視点は、ケアという場面においても基本的なものとなる。

　例えば、社会の仕組みになったケアである医療において、医学的な視点では、相手の身体に注目して、不正常なところを正常にしようとする活動が目指される。だが、身体を整えることは、ただ身体のためになされるのではなく、それによって相手の人生がよりよいものとなることこそが志向されるべきだと言われる。ただ身体に巣食う癌腫瘍をとればよいのではなく、それによって患者の人生にどのような益と害がもたらされるかを考え、また医療者と患者・家族とのコミュニケーションのプロセスを通して、医療方針を共同で決定すべきだと言われる時、まさに物語られるいのちこそがケアの核心にあるものであり、それが身体的視点での治療行為を支え、価値を与える視点なのだということを示している。

　人の死についても、医学的視点で、心臓の不可逆的停止をはじめとする三徴候にせよ、脳死の判定にせよ、身体に定位した死の理解を踏まえた死の判定であるが、その判定は、人生に定位した別れとしての死を裏付けるものであり、人の死はあくまでも後者の視点において理解されなければならない。医師は身体の死を判定し、告げるが、それを聞く遺された者は、逝った者との別れ（物語られるいのちの終り）を理解する、ということなのである。遺された者たちの、死者を送る仕事は、確かに遺体としての身体を葬ることを大きな部分として含むが、その葬る過程において描かれるのは、（すでに繰り返し述べたように）物語られるいのちの視点における、死者のあの世への旅立ちであり、残された遺族たちの別れを確認し、悲しむ仕事である。

註

1．天皇についての「崩御、崩ずる」、公候について使われる「薨ずる（こうずる）、薨去（こうきょ）」、四位・五位の人についての「卒す（しゅっす・そっす）」などは中国由来の表現を適用したものであろう。ここでは考えない。
2．Daniel Ogden, *Greek and Roman Necromancy,* Princeton University Press, 2001. P.25 f
3．清水哲郎、物語られるいのちと生物学的生命再考、哲学雑誌、130 (802): 1-24, 2015
4．清水哲郎『パウロの言語哲学』岩波書店 2000「第 5 章 復活と終末」とくに 156-7 頁参照。

5. Do not stand at my grave and weep: Mary Frye's (attributed) famous inspirational poem, prayer, and bereavement verse
   https://www.businessballs.com/amusement-stress-relief/do-not-stand-at-my-grave-and-weep/（2022.2.2 確認）

6. 厚生労働省は 2007 年に出した「終末期医療の決定プロセスに関するガイドライン」を、2016 年 3 月に改訂して、タイトルおよび内容について「終末期」を「人生の最終段階における」と全置換した。これに伴う一般向けリーフレットにおいてこの変更を次のように説明している。「厚生労働省では、従来「終末期医療」と表記していたものについて、広報などで可能なものから、「人生の最終 段階における医療」と表記します。これは、最期まで尊厳を尊重した人間の生き方に着目した医療を目指すことが重要であるとの考え方によるものです。」
   https://www.mhlw.go.jp/file/06-Seisakujouhou-10800000-Iseikyoku/0000078983.pdf
   （2022.2.2 確認）

7. NHS：National Health Service, What end of life care involves：
   https://www.nhs.uk/conditions/end-of-life-care/what-it-involves-and-when-it-starts/
   （2022.2.2 確認）
   'End of life care should begin when you need it and may last a few days, or for months or years.'

8. National Institute of Aging (National Institute of Health), Providing Care and Comfort at the End of Life.
   https://www.nia.nih.gov/health/providing-comfort-end-life（2022.2.2 確認）

9. 註 6 に同じ。'End of life care is support for people who are in the last months or years of their life.'

10. ただし、death を狭くとれば dying という進行形で記述する時期の最後の時点（＝進行形が完了形に変化する時点：「死に向っている」⇒「死んでしまった」）を指す使い方も可能であろう。

おわりに

鈴木　岩弓

　読者の皆さんは、本書の題名「生死を考える」を何と読んでいました
か？特に、「生死」のところです。「せいし」「しょうし」「しょうじ」「い
きしに」、恐らくこれらのいずれかの読み方をされていたのではないで
しょうか。「生」と「死」というさほど難しくはない二つの漢字からなる
熟語ですが、その読み方が少なくとも四つも思い浮かぶとなると、読み
方の違いに伴う意味の違いが少々気になります。
　『広辞苑』第七版（岩波書店、2018 年）では、読み方に応じた意味を、
次のように述べます。以下、説明量の多い読み方から見てみましょう。
　　　「しょうじ」　①生と死
　　　　　　　　　②生と死とを繰り返すこと。迷妄の世界を巡り続ける
　　　　　　　　　　こと。輪廻。
　　　　　　　　　③生まれてから死ぬまで。一生。
　　　　　　　　　④死ぬこと。
　　　「しょうし」　①生きることと死ぬこと。また、生かすことと殺すこ
　　　　　　　　　　と。せいし。
　　　　　　　　　②⇒しょうじ
　　　「せいし」　　生きることと死ぬこと。生きているか死んでいるか。
　　　　　　　　　死生。いきしに。しょうし。
　　　「いきしに」　生きることと死ぬこと。せいし。しょうじ。
　これらを比較すると、「しょうじ」以外の三語には「生きることと死ぬ
こと」という全く同じ説明文が載っています。その意味は、表現こそ異
なりますが、「しょうじ」の①にある「生と死」と同じでしょう。かかる
点からは、「生死」と書かれる熟語には、基本的に「生」と「死」を

"対"にして考える意味が含まれていると言えるでしょう。

　また「いきしに」と「しょうし」の語には、「せいし」と「しょうじ」への言い換えがなされています。これに対し「せいし」の語には「いきしに」と「しょうし」への言い換えが書かれておりますので、この三語は相互に、意味の重複が顕著な同義語と見なすことができます。しかし逆に、「しょうじ」から他の三語への言い換えは一切なされておらず、この点は注目すべきです。「しょうじ」の③では「一生」、つまり誕生から死亡までの「生」の期間のみが、また④では「生」に触れることなく「死」のみが意味されています。さらに②には、仏教語の「輪廻」とあります。「生死事大　無常迅速」といった禅宗で見られる警句にある「生死」が「しょうじ」と読むことを想起しても、この読み方の背後に仏教の影響があることは確実でしょう。つまり読み方の四つの違いは、「しょうじ」以外の三語は「生と死」を対比して示す意味であるのに対し、「しょうじ」には「生と死」のセットに加え、「生」のみ、「死」のみ、さらには「輪廻」といった、他の三語にない幅広い意味が含まれていることが明らかになります。

　ちなみに小学館の『古語大辞典』には、「しゃうじ」と「いきしに」の項目は見られますが、「せいし」も「しゃうし」もありません。古語辞典の見出し語に収録されるか否かは、この語の使用が近世以前に盛んであったか否かを示すことでもあります。さらに17世紀初頭に出された、ローマ字表記の日本語をポルトガル語で解説した『日葡辞書』には「Xǒjiシャウジ（生死）」と「Iqixiniイキシニ（生き死に）」は出てきますが、あとの二語は収録されていません。これらから、近世期における「生死」の読み方は、「しょうじ」「いきしに」で、「せいし」「しょうし」の読み方はその頃にはなく、近代以降の新しい読み方であると考えられます。以上から考えると、われわれが現在使っている「しょうじ」の語は、近世日本の伝統的価値観が底流する古くからの用語で、他三語と異なって、多様な意味が含まれた読み方だということができます。

　「生死を考える」という題の本書に収録された論考には、その論点が

「生と死」を対比して考えている場合のみならず、「生」や「死」の一方に力点のおかれたものも見られます。その点から考えますと、本書で用いる「生死」の熟語は、含意される意味内容が最も幅広い「しょうじ」と読むことで進めるのが妥当なことと思われます。もちろん、他の読み方が誤りというわけではないのですが、本書を編集する立場からは、「しょうじ」の含意する最大幅に立って、本書の編集にあたってきたというわけです。

　『生死を考える』と題する本書の企画では、これまで教養教育院の活動の中でなされてきた、「生死」に関わる研究成果の一部をまとめてみました。かかる活動の一つとして、2017 年 11 月 20 日の 4・5 校時（14：40～17：50）に、川内北キャンパスのマルチメディア教育研究棟の M206 において開催された、総長特命教授合同講義「生と死を科学する」が挙げられます。この合同講義では、まず前半に本書第五章を担当した鈴木が「生死の宗教文化学」、第一章を担当した田村宏治先生が「発生学から見た生物の生と死：誕生は一瞬、死はプロセス」、そして第八章を担当した清水哲郎先生が「生き死にの文法と文化」と題し、それぞれ 20 分の講演を行いました。後半にはそれら発表に対して総長特命教授からのコメントや質問、またフロアの学生からの質問があり、講師がそれらに答える形で熱心な質疑応答が繰り広げられました。本書には、この時の合同講義の発表内容をもとに、題名を少し変更して執筆した新たな書き下ろし論文が収録されています。またコメンテーターとして、総長特命教授であった山口隆美先生は「タダモノ論者」の持論を展開しましたが、これに対してフロアの学生たちからは盛んな反応があり、質問が相次ぎました。そこで今回は、学生たちに強烈な刺激をもたらした山口先生にも登場願って、第七章に「唯物論者の死生学」を執筆頂きました。

　この時の総長特命教授合同講義の詳細な記録は、教養教育院が毎年刊行している『教養教育院セミナー報告』の、平成 29 年度版に収録されています。そこには当日の配付資料や、フロアの学生との間で行われた質疑応答の状況なども収録されています。本書の理解をさらに深める手掛

かりとしてご覧頂けましたら幸いです。現在これは、教養教育院のウエブサイトにアップされており、以下のアドレスから読むことが可能です。
http://www.las.tohoku.ac.jp/kkyoikuin/wpcontent/uploads/2018/07/b8e34c669
45241ec158be78df870c5ce.pdf

　またもう一つの活動としては、鈴木が開講していた「memento mori －死を想え－」という授業がありました。実はこの授業、2004年から2年間、カレントトピックスという授業の一つとして開講した「死を想え － memento mori －」という主題名と副題名が反対の授業がその根っこにあります。その前年、私は全学教育のカレントトピックス委員会の委員長となって、次年度の授業を構想する立場にありました。その際、企画するなら、自分が聴講したい授業を作ろうとを思い立ち、死生学関連のオムニバス授業を構想しました。その際調べて見ると、さすが総合大学、東北大学内の各部局の構成員の専門を調べると、多方面から「死」の研究をされている先生方を見つけ出すことができました。そこで、とりわけ私が聞いてみたいネタをお持ちの先生方に講師をお願いしたのです。私の突然の依頼にも関わらず、お願いした先生方は誰一人として断ることなく、私がいた文学部はもちろん、教育学部・法学部・医学部・理学部・農学部・保健管理センターなど多くの部局から、快く参加してくださいました。実は第一章をご担当になられた田村先生とは、その時以来のお付き合いとなります。

　この講義も、川内北キャンパスで最も収容人数の多いM206教室で行われましたが、毎回ほぼ満席という、高い出席率を誇りました。その理由はおそらく、学部横断的になされた「死」へのさまざまなアプローチが、講師の熱意と共に大きな刺激をもたらしたためと思われます。さらにこの授業の特色は、90分の授業時間の運用に一工夫して、講義は60分で終え、あとの30分を全て、質疑応答の時間に充てた点にありました。質問者は教室の最前列に立てられたスタンドマイクに並び、簡潔に質問内容を述べると、それに対して講師が即答すると言う形式で30分を過ごしたのですが、多くは時間が足りず、質問打ち切りでその時間を終える

といった流れとなりました。この質疑応答の時間、入学したてのフレッシュマンの思わぬ質問は講師の先生方にとってもスリリングな時間となり、先生方は翌年も喜んで参加して下さいました。また他の受講生の質問を聞く教室内の他の受講生にとっても、講義を聴く際のポイントを理解し、"良い質問"の仕方を学ぶ機会として、刺激的な時間となったようです。ただ一点問題があったことは、この授業の運営を行う上での根回しがなかなか大変であったため、私自身の義務であった二年間が過ぎると、閉講してしまったことでした。

　それが復活したのは、私が文学研究科を退職して教養教育院に移った2017年4月からでした。教養教育院の教員として全学教育を担当する際、オムニバス授業の面白さを再び味合おうと、授業題目を「memento mori －死を想え－」と変更して実施しました。13年ほど経っていましたので、以前お願いした先生の中には定年を迎えられた方も多く、新に開拓した結果、今回は東北大学内の先生のみならず、教誨師や臨床宗教師、「流産・死産・新生児死などで子どもを亡くした家族の会」の代表の方などにも講師をお願いし、死をめぐる臨床現場の拡充も行いました。そうした中から今回ご参加いただいたのが、井上彰先生と芳賀満先生でした。井上先生には第四章「よく死に、よく生きるための緩和ケア」、芳賀先生には第七章「メメント・モリの観点からのヒトの〜特に原初の「美術」からの試論〜」を、授業を踏まえた形で執筆して頂きました。

　こうした二つの企画を中心に叢書第5巻の構想を練る中、件の合同講義開催の翌年度から水野健作先生が教養教育院に所属されておりました。生命科学研究科退職後に来られた先生のご専門は分子細胞生物学ですので「生死」の問題に関わりが大きいことから、発生学がご専門の田村先生と棲み分けをして頂き、同じく生物学の観点からの「生死」を論じて頂きました。それが第二章の「生・老・死の生物学」です。さらに、「生」には「いきる」の他に「うまれる」の意味もあるのですが、「生死を考える」と銘打ちながら、人間が「うまれる」場面を正面から見据えた観点が抜けていることが、編者としては大変気になる点でした。そこ

でそうした観点からの補強として医学系研究科の吉沢豊予子先生にお願いをし、第三章「育む命」を執筆いただくことになりました。

　「生死を考える」ため、本書では関係するさまざまな専門分野の先生方にお声掛けしました。とはいえ、本書を読んだだけでは「生死」究明の終着点に辿り着けないことは言うまでもありません。「生と死」「生」「死」そして「輪廻」といった幅広い領域が含意されていることが示すように、「生死」は自然現象であると同時に人文社会現象として、われわれの前に高い壁の如くに現前しているからです。こうした一筋縄ではいかない問題に対峙するには、さまざまな研究領域からの成果を統合的に見ていく以外に方法はありません。

　「生死」を時間軸上に並べてみるなら、〈生まれる前〉〈生まれる時〉〈生まれた後〉〈死ぬ前〉〈死ぬ時〉〈死んだ後〉となります。このうち、われわれがある程度知っているつもりになれるのは、〈生まれた後〉と〈死ぬ前〉、ちょうど今、われわれ自身が位置している「生きている」場面のみなのです。誕生の瞬間と死亡の瞬間は、ある部分は解明されてきたものの不明点も多く、〈生まれる前〉と〈死んだ後〉は皆目不明です。その意味で、科学がもたらす「生死」に関わる新たな知識は、今後とも広く取り込むことが必要です。

　とはいえ、かかる知識を無秩序にインプットするだけでは視野の広い展望に至ることはできません。個別知識相互の連関を読み解く価値判断、"ものの見方"を磨くことなしには、大局的視点に立った立場からの「生死」は見えてこないままであるからです。言葉を換えて言うなら、知識の習得のみならず"ものの見方"のブラッシュアップ、「洞察力」の涵養が必要であると言うことでしょう。「洞察力」は英語で言えば insight ですが、これは「in（中を）＋ sight（見ること）」即ち「ものごとの実態を見抜く力」を意味しています。さまざまな知識を採り入れ、それらを整理して追究するという教養に根ざした行為、これこそが、われわれ人間に与えられた究極の課題、「生死を考える」ための道なのでしょう。

執筆者略歴

滝澤　博胤（たきざわ　ひろつぐ）

　1962 年新潟県生まれ。1990 年東北大学大学院工学研究科応用化学専攻博士後期課程修了（工学博士）。同年東北大学工学部助手、1994 年テキサス大学オースティン校客員研究員、1995 年東北大学工学部助教授を経て 2004 年東北大学大学院工学研究科教授。2015 年工学研究科長・工学部長。2018 年より東北大学理事・副学長（教育・学生支援担当）、高度教養教育・学生支援機構長、教養教育院長となり現在に至る。専門は無機材料科学、固体化学。主な著書に『マイクロ波化学：反応、プロセスと工学応用』（共著、三共出版、2013年）、『演習無機化学』（共著、東京化学同人、2005 年）、『固体材料の科学』（共訳、東京化学同人、2015 年）など。2011 年日本セラミックス協会学術賞、2016 年粉体粉末冶金協会研究進歩賞受賞。

田村　宏治（たむら　こうじ）

　1965 年栃木県生まれ。1993 年東北大学大学院理学研究科博士課程修了、博士（理学）。日本学術振興会特別研究員 PD を経て、1994 年東北大学大学院理学研究科助手、米国ソーク研究所研究員、東北大学大学院生命科学研究科助教授。2007 年同教授となり現在に至る。専門は動物発生学。学生時代から一貫して脊椎動物の付属肢の発生・再生・進化の研究を行なっている。主な著作に「進化の謎をとく発生学——恐竜も鳥エンハンサーを使っていたか」（岩波書店、2022 年 3 月刊行予定）、「現存鳥類から恐竜形態の形成の仕組みを推定するという方法論」『現代思想』8 月臨時増刊号（青土社、2017 年）、「鳥を見て恐竜がわかる!? −指の番号にみる、発生学と古生物学の融合−」（『恐竜博 2011』、朝日新聞社、2011 年）など。2018 年日本動物学会賞および日本進化学会賞を受賞。

水野　健作（みずの　けんさく）

　1952 年大阪府生まれ。1979 年大阪大学大学院理学研究科博士課程中途退学。同年宮崎医科大学助手。1983 年理学博士（大阪大学）。1989 年カリフォルニア大学博士研究員、1990 年九州大学理学部生物学科助教授を経て、1999 年東北大学大学院理学研究科教授、2001 年同生命科学研究科教授。2009 年〜2011 年生命科学研究科長。2018 年定年退職し、同年より東北大学名誉教授、総長特命教授となり現在に至る。専門は分子細胞生物学。主な著作に『新生

化学実験講座 第 1 巻 タンパク質 VI、第 9 巻 ホルモン I』（共著、東京化学同人、1992 年）、『Comprehensive Endocrinology』（共著、Raben Press、1994 年）、『最新内科学体系 第 2 巻 科学としての内科学』（共著、中山書店、1996 年）、『細胞骨格と細胞運動』（共著、スプリンガーフェアラーク東京、2002 年）など。

吉沢豊予子（よしざわ　とよこ）

　1957 年秋田県生まれ。1997 年千葉大学大学院看護学研究科博士後期課程修了、博士（看護学）。東北大学医学部附属病院周産母子部にて助産師、埼玉県立衛生短期大学（助手）、長野県看護大学（助教授、教授）、クイーンズランド工科大学看護学部（長期研修）などを経て、東北大学大学院医学系研究科ウィメンズヘルス・周産期看護学分野教授となり現在に至る。専門はウィメンズヘルス看護学。主な著書に『＃生理の貧困』（共著、日本看護協会出版会、2021 年）、『女性看護学』（共編著、メヂカルフレンド社、2008 年）、近共著論文として、「共働きの父親、共働きの母親それぞれの成人愛着スタイルがコペアレンティングに及ぼす影響」、『日本母性看護学会誌』21（2）、27-37、2021年など。Chiba メノポーズ・アワード（1997 年）受賞。

井上　彰（いのうえ　あきら）

　1971 年秋田県生まれ。1995 年秋田大学医学部卒業。2007 年医学博士（東北大学）。国立がんセンター、医薬品医療機器審査センター（現医薬品医療機器総合機構）、東北大学病院呼吸器内科などを経て、2015 年より東北大学大学院医学系研究科緩和医療学分野教授となり現在に至る。がん薬物療法を専門とし、進行肺癌に対する分子標的薬を用いた個別化治療の領域では、先進的な治療法を複数開発（J Clin Oncol 24：3340-3346, 2006. J Clin Oncol 27：1394-400, 2009. N Engl J Med 362：2380-8, 2010. J Clin Oncol 38：115-23, 2020. 他）する一方で、緩和医療にも熱心に取り組む。日本肺癌学会篠井・河合賞（2009 年）、日本呼吸器学会奨励賞（2010 年）、日本学術振興会賞（2013 年）、日本臨床腫瘍学会 Annals of Oncology 賞（2015 年）他を受賞。

鈴木　岩弓（すずき　いわゆみ）

　1951 年東京都生まれ。1982 年東北大学大学院文学研究科博士後期課程満期退学。同年島根大学教育学部助手。同講師、助教授を経て 1993 年東北大学文学部助教授に転任。同教授、同大学院文学研究科教授を経て 2017 年 3 月定年退職。同 4 月より東北大学名誉教授、同総長特命教授となり現在に至る。専門

は宗教民俗学・死生学。主な著作に『いま、この日本の家族－絆のゆくえ－』（共著、弘文堂、2010 年）、『変容する死の文化－現代東アジアの葬送と墓制－』（編著、東京大学出版会、2014 年）、『〈死者／生者〉論－傾聴・鎮魂・翻訳－』（編著、ぺりかん社、2018 年）、『柳田國男と東北大学』（編著、東北大学出版会、2018 年）、『現代日本の葬送と墓制　イエ亡き時代の死者のゆくえ』（編著、吉川弘文館、2018 年）など。

芳賀　満（はが　みつる）

　1961 年東京都生まれ、1989 年東京大学大学院人文科学研究科美術史学修士課程修了、博士（文学）（東京大学）。イタリア政府給費留学生、パヴィア大学文学部考古学学科客員研究員、マクシミリアネウム財団給費留学生、ミュンヘン大学文学部西洋古典学科客員研究員、京都造形芸術大学歴史遺産学科文化財保存修復コース准教授、同教授を経て東北大学高度教養教育・学生支援機構教授、同大学総長補佐（共同参画）となり現在に至る。専門はユーラシア大陸考古学及び高等教育論。主な美術関係著書に『古代ギリシア建築におけるコリントス式オーダーの研究』（2002 年）、『イタリアの世界文化遺産を歩く』（共著2013 年）、『西洋美術の歴史 1 古代』（共著2017 年）他。ウズベキスタン共和国学術アカデミー考古学賞受賞。

山口　隆美（やまぐち　たかみ）

　1948 年福島県生まれ。1973 年東北大学医学部卒業。1980 年医学博士（東京女子医科大学）、1981 年工学博士（東京大学）。専門は計算生体力学。臨床医として 1973 年（財）竹田綜合病院外科、1976 年東京女子医科大学附属第 2 病院循環器外科勤務の後、1977 年同附属日本心臓血圧研究所理論外科助手となり基礎医学に転身。1981 年 London 大学 Imperial College への留学を経て、1984 年国立循環器病センター研究所。1991 年東海大学開発工学部、1997 年名古屋工業大学、2001 年東北大学大学院工学研究科を経て、2008 年同医工学研究科教授。2013 年定年退職し、東北大学名誉教授。2015 年から 2018 年まで東北大学総長特命教授。現在は介護老人保健施設の医師として、老人医療に従事。計算生体力学に関する論文・著書はあるが、本稿にかかわる内容ではない。

清水　哲郎（しみず てつろう）

　1969 年東京大学理学部天文学科卒業後、1977 年東京都立大学大学院人文科学研究科博士課程単位取得退学。1990 年文学博士（東京都立大学）。1980 年北海道大学文学部講師、1982 年同助教授。1993 年東北大学文学部助教授、1996年同教授、2000 年同大学院文学研究科教授。2007 年東京大学大学院人文社会系研究科特任教授、東北大学名誉教授。2017 年岩手保健医療大学学長を経て2021 年岩手保健医療大学臨床倫理研究センター長となり現在に至る。専門は哲学・西欧中世言語哲学・医療哲学・臨床倫理学・臨床死生学。主な著作に『オッカムの言語哲学』『医療現場に臨む哲学』（勁草書房）、『パウロの言語哲学』『世界を語るということ－「言葉と物」の系譜学』（岩波書店）、『臨床倫理の考え方と実践：医療・ケアチームのための事例検討法』（共編著、東京大学出版会）など。

＊本書は、東北大学高度教養教育・学生支援機構の2021年度「研究成果出版経費」の助成を受けて出版されたものである。記して関係各位への感謝の意を表します。

装幀：大串幸子

東北大学教養教育院叢書「大学と教養」

第 5 巻　生死を考える

Artes Liberales et Universitas
5 Think about life and death

© 東北大学教養教育院 2022

2022 年 3 月 31 日　初版第 1 刷発行

編　者　東北大学教養教育院
発行者　関内　隆
発行所　東北大学出版会
　　　　〒 980‑8577　仙台市青葉区片平 2‑1‑1
　　　　Tel. 022‑214‑2777　Fax. 022‑214‑2778
　　　　https://www.tups.jp　E.mail info@tups.jp
印　刷　カガワ印刷株式会社
　　　　〒 980‑0821　仙台市青葉区春日町 1‑11
　　　　Tel. 022‑262‑5551

ISBN978‑4‑86163‑371‑3　C0000
定価はカバーに表示してあります。
乱丁、落丁はおとりかえします。